Dörte Nohrden & Kerstin Rose

Holsteinische Schweiz

Radeln für die Seele

15 Wohlfühltouren

D

Alle Touren auf einen Blick

WEITBLICKE

GENUSS

ERFRISCHUNG

Liebe Radlerinnen & Radler,

Bäderarchitektur, Reetdachhäuser, Auen und Logenplätze direkt am Wasser. In der Holsteinischen Schweiz gibt es viel zu entdecken. Vor allem aber lädt die Hügellandschaft mit mehr als 200 Seen zum **Entspannen und Genießen** ein. Gasthöfe mit Seeterrassen, Wildschutz- und Naturschutzgebiete, Schlösser und Gutshäuser liegen auf unserem Weg. Rund um die Städtchen Malente, Eutin und Plön haben wir besondere Fahrradrouten zusammengestellt. Sie führen uns durch bezaubernde Dörfer, stille Wälder, vorbei an Rapsfeldern und Wiesen, von See zu See und sogar bis zur Ostsee. All den 15 Touren ist eigen, dass sie Sehenswertes ansteuern, zugleich jedoch auch die unbekannteren Nebenstrecken erkunden. Sie bieten viel Raum zum **Verweilen inmitten der Natur,** Orte, an denen man einfach mal die Seele baumeln lassen und die Beine ausstrecken kann. Etwa beim Picknick, bei der Wildbeobachtung oder an einer einsamen Bucht. Trotz ihrer Schönheit gilt die Holsteinische Schweiz immer noch als Geheimtipp. Hier kann man dem Trubel entkommen und beim Radeln **Ruhe und Glück** finden. Selbst in der Hochsaison kann es durchaus sein, dass man auf den abwechslungsreichen Strecken kaum anderen Menschen begegnet. Garantiert jedoch trifft man auf Wildgänse. Denn die lieben die romantische Region im Norden genauso wie wir.

NATUR
KULTUR
GENUSS
TOUR
GPS-Tracks zum Download

Viel Freude wünschen
Kerstin Rose und Dörte Nohrden

Im Schlosspark

Über Land

Baukunst ab Eutin entdecken

Auf dieser Tour sehen wir besonders schöne Land-Architekturen inmitten von Feldern und Wäldern. Einkehrmöglichkeiten gibt es während der Fahrt keine, deshalb können wir uns Getränke und Snacks für unterwegs einpacken. Am Ende jedoch locken kulinarische Belohnungen. Wir starten am **Bahnhof Eutin** und gelangen auf der gegenüberliegenden Seite durch eine Art Tunnelgang vorbei an einer Seniorenresidenz Richtung Zentrum. Nach rund 100 Metern biegen wir an der Fußgängerampel links ab und folgen der **Albert-Mahlstedt-Straße** bis zum Ende. Dort biegen wir rechts in die **Plöner Straße** ein. Wenn diese einen scharfen Linksknick macht, biegen wir rechts in die verkehrsberuhigte **Schloßstraße** ein. Linker Hand befindet sich der leckere **Imbiss Cox,** der vegetarische Mittagsmenüs anbietet. Wir fahren gleich dahinter in den **Rosengarten.** Hier halten wir kurz inne und erfreuen uns an den vielen verschiedenen Blüten. Im Sommer liegt ein Hauch Rosenduft in der Luft. Am Ende des Parkgangs glitzert der **Große Eutiner See.**

*Der **Große Eutiner See** hat zwei saisonale Besonderheiten: In den Sommermonaten öffnet die historische Freibadeanstalt aus den 1920er-Jahren und auf der Seebühne im Schlosspark werden Opern und Musicals unter freiem Himmel aufgeführt.*

Wir folgen der **Seepromenade** links, fahren am ❶ **Schiffsanleger** vorbei und biegen dahinter links ab. Wir radeln am ❷ **Seepark** entlang, der erst vor wenigen Jahren im Rahmen der Landesgartenschau angelegt wurde. Wer nicht widerstehen kann, kreuzt ein wenig durch die sinnlich romantische Anlage und verweilt auf einer der vielen Bänke oder schaukelt in der Hängematte mit Seeblick. Wir folgen dem Weg am Ufer entlang, bis dieser in einen Parkplatz mündet. Dort nehmen wir den rechten

Kilometer: 31
Höhenmeter: 242
Stunden: 2–3
RUNDTOUR

Historische Freibadeanstalt

Auensumpf

Pfad, der uns durch eine naturgeschützte Auenlandschaft führt. Rechter Hand schimmert der **Große Eutiner See.** Nach ein paar Hundert Metern biegen wir bei der ersten Gelegenheit rechts ab und folgen dem wildromantischen Pfad, überqueren über eine Brücke die **Schwentine** und biegen gleich dahinter wieder scharf rechts ab, bis wir geradewegs ins Zentrum von **Fissau,** einem dörflichen Ortsteil von Eutin, kommen. Wir folgen der Dorfstraße rechts und staunen über die vielen schönen, großen und kleinen Bauernhäuser mit blütenbunten Vorgärten. Am eingezäunten Dorfteich biegen wir links ab und gleich wieder links fahren wir die Straße **Bast** hoch. Hier müssen wir zum ersten Mal kräftig in die Pedale treten. Wenn wir die letzten Häuser Fissaus hinter uns gelassen haben, befinden wir uns umgehend inmitten von Korn- und Weizenfeldern. Mit etwas Glück können wir rechter Hand Wild beobachten. Beinahe zu jeder Tageszeit äst dort ein Rudel Damwild, wenn es nicht gerade Schutz im angrenzenden Knick sucht.

Wir radeln auf dem landwirtschaftlichen Weg weiter, bis dieser eine scharfe Rechtskurve macht und sich dann teilt. Wir nehmen den rechten Abzweiger namens **Ellhorn** und verlassen diesen links an der nächsten Weggabelung. Immer auf dem Hauptweg bleibend, fahren wir durch ein Waldgebiet. Die Strecke führt an einer ehemaligen Gaststätte hinunter an den **Ukleisee.**

Wir beginnen mit der fast vollständigen Umrundung des kleinen Waldsees gegen den Uhrzeigersinn und genießen die Ruhe und den Zauber, der von diesem Gewässer ausgeht. Bänke und Holzpavillons sprechen stille Einladungen zum Verweilen aus. Kurz vor Ende der Umrundung empfängt uns ein weißer Steg mit Sitzgelegenheiten und Sicht über den See. Von hier aus lassen sich die Handvoll Angler beobachten, die von Zandern und Aalen träumen. Am Hang darüber thront das spätbarocke **Jagdschlösschen Uklei,** das nur während Veranstaltungen geöffnet hat.

Für die Seele

Weite Felder, Höfe und fürstliche Parkanlagen laden zum Träumen ein.

Schautafeln erzählen von den Sagen, die sich um diesen mystisch anmutenden Ort ranken. Von der Parkanlage des Schlösschens überschaut man die umliegende Wald- und Seenlandschaft. Wir nutzen diesen schönen Ort für eine kleine Pause, denn sehr bald wird es über einige Kilometer kontinuierlich aufwärts gehen. Wir lassen das Vogelgezwitscher und die Sagen zurück und folgen dem Waldweg bis zur Anhöhe hinauf und biegen rechts ab. Augenblicklich befinden wir

*Der **Ukleisee** ist vollständig im Wald eingebettet und kann zu Fuß oder mit dem Rad umrundet werden. Das Gewässer ist wegen seiner Fischvielfalt bei Anglern beliebt. Zum Schwimmen ist der Waldsee jedoch nicht geeignet.*

Ukleisee

*Das spätbarocke, sanierte **Jagdschlösschen am Ukleisee** wurde von dem Eutiner Hofbaumeister Georg Greggenhofer entworfen. Es diente als Lusthaus für Feierlichkeiten, Teepavillon sowie als Jagdschloss. Heute ist es als Hochzeitslocation beliebt.*

uns in einer Wohnsiedlung der Ortschaft **Sielbeck,** die aus Neu- und einigen sehenswerten Jugendstilbauten besteht. Die Straße **Zum Uklei** führt hinunter an den **Kellersee.** Das Fährhaus gegenüber hat leider seinen Restaurantbetrieb eingestellt. Wir folgen der Hauptstraße rechts und erhaschen Panoramablicke auf den Kellersee. An der nächsten T-Gabelung biegen wir rechts ab **Richtung Nüchel.** Von jetzt an geht es für mehr als 3 Kilometer bergauf. Dafür werden wir mit eindrucksvollen Weitblicken über die Hügel der Holsteinischen Schweiz belohnt.

Am Ortsende von Sielbeck können wir die Hauptstraße verlassen und auf den Fahrradweg links wechseln. Die Schotterpiste bringt uns über den Berg. Achtung: Der neue Radweg macht um die Häuser am **Sielbecker Moor** einen Schlenker.

Kurz vor **Nüchel** endet der Fahrradweg und wir sind gezwungen, ein paar Meter Hauptstraße zu fahren.

Villa am Ukleisee

Nücheler See

Dank der Geschwindigkeitsbegrenzung in der Ortschaft endet hier die inoffizielle Rennpiste von übermütigen Autofahrern. Im Dorf mit seinen typischen Holsteiner Gehöften befindet sich der **3 Antikhof Nüchel** mit unregelmäßigen Öffnungszeiten. Auf gut Glück findet man hier auch etwas Kleines, was auf den Gepäckträger passt.

Wir folgen der gut sichtbaren Beschilderung **Richtung Sagau.** Die Landstraße wird bald zur Schotterpiste. Nach wenigen Hundert Metern biegen wir in einen Wald- und Wiesenweg ein. Bevor es nach Sagau weitergeht, haben wir die Möglichkeit, uns im **Nücheler See** abzukühlen. Wir parken unsere Räder und gehen etwa 5 Minuten zu Fuß einen steinig-staubigen Weg steil hinunter. Ein Bächlein plätschert in einer Schlucht neben uns und macht Lust auf noch mehr Wasser. Der Nücheler See ist ein Angler- und Badesee und auch bei der Dorfjugend beliebt.

Sagau

Dorf Gut Stendorf

Nach der Erfrischung am Wasser radeln wir weiter durch einen entzückenden Wald- und Wiesenabschnitt. Knorrige, alte Bäume säumen den Weg, Wild huscht ins Dickicht, Kühe und Schafe futtern auf der Weide, Forellenteiche blitzen zwischen dem Blattwerk hervor. Noch idyllischer wird es in **Sagau.** Das kleine Straßendorf hat alles, was ein schönes Dorf braucht: einen See, Bullerbü-Häuser mit großen Gärten, eine jahrhundertealte Eiche, spielende Kinder und viele Tiere. An der Straße stehen selbst gezimmerte Verkaufsstände mit Bioeiern und Marmeladen. Wer diese friedliche Atmosphäre auf sich wirken lassen möchte, dreht auf den Wegen links und rechts einige Extrarunden.

Wir verabschieden uns von Sagau über die **Dorfstraße,** die sich bald gabelt. Wir halten uns links und fahren auf dem **Stendorfer Weg** dem nächsten Höhepunkt entgegen. Die Landschaft ist hier deutlich weiter, die Hügel laufen zu lang gezogenen Erhebungen aus. Dazwischen liegen Weiden und Gewässer. Das Fahrvergnügen steigert sich zu einem beschwingten Dahingleiten. Wir können die Weite der Landschaft betrachten und uns über so viel Schönheit freuen. Bereits nach etwa 1,5 Kilometern befinden wir uns im nächsten Idyll. Wir biegen links ab, um zum Kern des **4 Dorfs und Gutes Stendorf** zu gelangen. Die gesamte Anlage steht unter Denkmalschutz. Neben prachtvollen Reetdachhäusern gibt es auch zwei Herrenhäuser, die sich allerdings hinter alten Gemäuern und Parkanlagen verstecken. Insgesamt 40 Menschen bewohnen die kulissenreife Anlage, in der tatsächlich bereits einige Filme gedreht wurden.

Schloss Eutin

Wir fahren zurück auf die Landstraße **Stendorf** und folgen ihr links hinunter bis zum Waldanfang. Es kann passieren, dass man sich völlig unerwartet plötzlich die Fahrbahn mit Lkws teilen muss, die zur Kiesgrube fahren. Wir radeln unbeirrt weiter durch den Wald, bis wir auf die Hauptverkehrsstraße stoßen. Dort biegen wir rechts ab auf den parallel verlaufenden Fahrradweg. Diesem folgen wir, bis wir uns direkt am **Großen Eutiner See** verorten.

Ohne weitere Wegbeschreibungen zu benötigen, folgen wir einem schmalen Naturweg immer am Wasser entlang für rund 3 Kilometer und haben Zeit, die Aussichten aufs Wasser und die Kulisse von Eutin mit seinem dicken, mittelalterlichen Kirchturm zu bewundern. Am Reisemobilparkplatz biegen wir rechts in den

Schlossmuseum

Weg **Jungfernort** ein, der uns im Zickzack zu einem der Eingänge des **5 Schlossparks** von Eutin führt. Der englische Landschaftspark mit seiner mächtigen Lindenallee und dem alten Baumbestand umspielt das **Backsteinschloss Eutin.** Wir wählen den Weg ganz links und fahren an dessen Ende links aus dem Park hinaus zum Haupteingang des Schlosses.

Autorin Kerstin Rose in der Seeloge

Wer nach den vielen Sinneseindrücken in der Natur am Ende auch noch etwas für den Geist tun möchte, besichtigt das durchaus vergnügliche **6 Schlossmuseum** mit seinen Festsälen und der Kapelle. Katharina die Große, als sie noch die junge Prinzessin Friederike Auguste Sophie von Anhalt-Zerbst war, hat als Mädchen öfter mit ihrer Mutter im Eutiner Schloss gewohnt. In ihr Schlafgemach würden wir uns am liebsten fallen lassen.

Unsere Tour ist beinahe zu Ende. Zuvor jedoch lockt die eingangs erwähnte kulinarische Belohnung. Im **7 Restaurant Seeloge** lässt sich wunderbar essen. Wir flanieren am Großen Eutiner See entlang zur Stadtbucht und sehen bereits von Weitem das Hotel Seeloge mit der dazugehörenden Gastronomie. Wir kehren zurück zu unseren Fahrrädern am Schloss und fahren über die **Schloßstraße,** bis diese in die **Plöner Straße** mündet. Dieser folgen wir links hoch bis zur dritten Abzweigung links und steuern in die **Bahnhofstraße** ein. Der Bahnhof ist auf der rechten Seite nicht zu übersehen.

Benz
Nüchel
Hauptstraße
Kirchnüche
Malkwitz
Kleiner Benzer See
Großer Benzer See
Krummsee
Schwonau-see
Nücheler See
Krummsee
Kellerseestraße
Rövkampallee
Ukleisee
Sagauer See
Sielbeck
Kellersee
Sagau
Sielbecker Landstraße
Schwentine
Stendorfe See
Sibbersdorf
Fissau
Sibbersdorfer See
Schwentine
Hochkamp
Großer Eutiner See
Fasaneninsel
Oldenburger Landstraße
Hof Gamal
Zarnekau
Kleiner Eutiner See
Eutin
Lübecker Landstraße
76
1
2
3
4
5
6
7
P

ALLES AUF EINEN BLICK

Entspannung

Abenteuer

Vielfalt

WIE & WANN

Oft autofrei, einige Landstraßen und viele unbefestigte Feld- und Waldwege, teils Pfade, kurzes Stück Stadtverkehr. Das ganze Jahr bei trockenem Wetter befahrbar.

HIN & WEG

Auto: Parkplätze direkt am Bahnhof Eutin, 23701 Eutin (GPS: 54.136513, 10.608749)
ÖPNV: Regionalbahn ab Kiel oder Lübeck bis Bahnhof Eutin

ESSEN & ENTSPANNEN

7 **Restaurant-Café Seeloge,** Bleekergang 4-6, 23701 Eutin, Tel. (0 45 21) 8 26 75 00, www.seeloge.de

ENTDECKEN & ERLEBEN

1 **Schiffsanleger,** Bleekergang 4, 23701 Eutin, Tel. (0 45 21) 33 44, www.eutiner-seerundfahrt.de
2 **Seepark,** Heinrich-Lüth-Weg, 23701 Eutin
3 **Antikhof Nüchel,** Hauptstraße 10, 23714 Malente-Nüchel, Tel. (01 76) 61 38 02 85
4 **Dorf und Gut Stendorf,** Stendorf 3, 23717 Kasseedorf
5 **Schlosspark,** Schlossplatz 5, 23701 Eutin, www.schloss-eutin.de
6 **Schlossmuseum,** Schlossplatz 5, 23701 Eutin, Tel. (0 45 21) 7 09 50, www.schloss-eutin.de

Felder & Wiesen

Von Malente Richtung Norden

Diese Tour führt uns über Felder und Wiesen bis zum nördlichen Ende der Holsteinischen Schweiz. Uns erwarten weite Panoramablicke und Begegnungen mit Rehen, Seeadlern und Pferden. Einkehrmöglichkeiten hingegen gibt es auf dieser Strecke erst im allerletzten Abschnitt. Deshalb ist es ratsam, Getränke und Snacks einzupacken. Wir starten am **Bahnhof Malente,** fahren die **Bahnhofstraße** rechts hoch und biegen gleich links ab **Richtung Timmdorf.** Es geht kurz steil bergauf. Rechter Hand erwartet uns bereits die erste Sehenswürdigkeit. Die ❶ **Tews-Kate** diente einst als Räucherkate und ist das charmante Heimatmuseum von Malente.

*Die **Tews-Kate** ist wahrscheinlich die älteste Räucherkate Ostholsteins. Erbaut wurde sie um 1650. Zu besichtigen sind Koch- und landwirtschaftliche Arbeitsgeräte und auch, wie Mensch und Nutztiere einst unter einem Dach eng zusammenwohnten.*

An der nächsten Kreuzung verlassen wir Malente und fahren **Richtung Neversfelde** geradeaus. Hinter dem Friedhof geht auf der linken Seite ein schmaler Waldweg ab, den wir nutzen können. Allerdings ist er steil und etwas holprig. Alternativ bietet sich die darüber liegende Landstraße zur Weiterfahrt an. In jedem Fall kommen wir nach rund 1 Kilometer zu einem Hinweisschild, das uns rechts zum ❷ **Holzbergturm** führt. Nachdem wir unsere Fahrräder geparkt haben und den Hügel hoch Richtung Turm gewandert sind, erklimmen wir den 32 Meter hohen Turm bis zur Aussichtsplattform und genießen einen fantastischen Blick über die Holsteinische Schweiz und bei klarem Wetter sogar bis zur Ostsee. Der Turm ist rund um die Uhr geöffnet, der Zugang kostenlos.

Nach diesem einmaligen Erlebnis setzen wir unsere Fahrt auf dem Waldweg oder der parallel führenden Landstraße fort. Wir

Kilometer: 37

Höhenmeter: 323

Stunden: 3–4

RUNDTOUR

*Der **Holzberg** ist 90 Meter hoch. Auf dem steilen Waldweg mit dem Fahrrad hoch- und wieder runterzufahren, ist mühsam. Deshalb empfehlen wir, die Räder an den Bügelhaltern unten am Parkplatz anzuschließen.*

durchfahren die Ortschaft **Neversfelde** und benutzen hinter dem Ortsausgang den Radweg. Ab jetzt bewegen wir uns fast ausschließlich zwischen Feldern und Wiesen durch allerschönste Landschaft.

Wenn rechts der Landstraße der **Wagnerhof** auftaucht, überqueren wir kurz dahinter die **Malenter Straße** und biegen **Richtung Breitenstein** ab. Erhaben radeln wir durch Flachsfelder und schauen weit ins Land hinein. Die Fahrt auf dem landwirtschaftlichen Weg ist unbeschwerlich. An der nächsten T-Gabelung biegen wir links ab und sausen **Richtung Kakelsberg und Grebin.** Wir stoßen auf die **Dorfstraße** von Grebin, wo wir uns rechts halten. Bereits nach wenigen Metern geht es wieder rechts ab **Richtung Sasel.**

Wir lassen uns auf dem Zickzackweg vorbei an Koppeln und Gärten führen, bis wir sehr bald die letzten Häuser hinter uns lassen. So fühlt sich Freiheit an.

Aussicht vom Holzbergturm

Kein Mensch, kein Haus ist weit und breit zu sehen. Nur die Feldlerche begleitet uns mit ihrem Gesang. Links liegt der **Grebiner See** in einer Senke, rechts schauen wir über Felder bis zum Horizont, vor den sich der nächste Waldabschnitt schiebt. Wenn wir uns einem sehr großen Bauernhof nähern, entdecken wir mit ein wenig Glück Seeadler, die hoch über uns kreisen. Sie halten nach Beute Ausschau, die sie rund ums Gehöft erspähen. Die schweren Greifvögel sind an ihrem weißen Stutz auch aus größerer Entfernung zu erkennen. Wir feiern dieses seltene Naturspektakel einen Augenblick und radeln weiter. Bald treffen wir auf eine Weggabelung und biegen links ab, lassen uns die Anhöhe herunterrollen und biegen fast am Ende rechts ab. Achtung: Die Abzweigung nicht verpassen, denn sonst gelangen wir zur parallel verlaufenden Bundesstraße 430! Ein mit Betonplatten halb bedeckter Weg führt uns **Richtung Gut Rantzau.** Knorrige, uralte Eichen säumen den Weg.

Für die Seele

Wir riechen Blütendüfte, hören Frösche, sehen Wild und seltene Vögel.

Hügelgrab

Wir radeln einen Berg hoch und nehmen rechts ein militärisches Sperrgebiet wahr, was jedoch nicht weniger schön anzuschauen ist als das Wiesental auf der linken Seite. In der Luft liegt ein Duft von Weißdorn oder Wildkirschen und Mädesüß. Auf dem Hügelrücken halten wir an und entdecken rechts ein ❸ **Hügelgrab.** Diese archäologische Stätte ist durchaus sehenswert und eine Schautafel erklärt sehr anschaulich, wie ein Hügelgrab aufgebaut ist.

In der Bronzezeit, also zwischen 1500 bis 1200 v. Chr., errichteten Angehörige über ihren Verstorbenen zum Andenken einen ***Grabhügel.*** *Den Toten wurden Grabbeigaben wie Gewänder und Bronze mitgegeben. Hügelgräber sind häufig auf Anhöhen zu finden.*

Nach dieser kleinen Exkursion in die Vergangenheit radeln wir das kurze Stück Richtung Gut Rantzau weiter. Kurz vor der Kreuzung zur Bundesstraße erkennen wir eine Schautafel rechts, die uns das geschützte Bächlein Kossau und den Naturraum drum herum näherbringt. Auf der gegenüberliegenden Seite sehen wir das barocke Gut und seine hübschen Nebengebäude inklusive Wassermühle, die sich allesamt in Privatbesitz befinden. Wir biegen rechts ab auf die Bundesstraße und folgen ihr auf dem Radweg. Hinter der Häuseransammlung biegen wir links in die kaum befahrene Landstraße **Möhlenwisch** ein, folgen ihr ein ganzes Stück, kommen am **Gut Hohenhof** vorbei, biegen gleich dahinter links ab und orientieren uns an dem Hinweisschild zum ❹ **Antikhof,** bis wir das historische Bauernhaus nach einigen Kilometern Fahrt tatsächlich besuchen. Die überbordende Verkaufsfläche mit antiken Gläsern, Karaffen, Puppen, Gefäßen und Kuriositäten ist unbedingt sehenswert. Hier lässt sich nach Herzenslust stöbern, bis einem der Kopf schwirrt vor lauter Glas-und-Silber-Fantasien. Öffnungszeiten können telefonisch erfragt werden. Wir verlassen den Weiler auf der ruhigen Dorfstraße **Zum Bocksbarg.**

Antikhof

Bei der ersten Gelegenheit biegen wir links auf einen Naturweg ab. Ein improvisiertes Schild gibt Hinweis auf die Ortschaft Bauersdorf. Wir erblicken einen Teich, der nur von einem Schwanenpaar bewohnt wird. Es wirkt wie der Eingang zu einer Märchenwelt, denn nun begeben wir uns in eine Sumpflandschaft und werden von Unkenrufen und Froschgequake begrüßt. Wir konzentrieren uns auf den Hauptweg und lassen Abzweigungen außer Acht. Wenn der Weg halb rechts einen Hügel hochgeht und sich gabelt, nehmen wir die linke Bahn. In den nahen Buchenhain sollten wir ganz leise einfahren, um die vielen Tiere nicht zu stören. Wir stellen unsere Räder ab und lassen diese besondere Atmosphäre auf uns wirken. Zwischen abgestorbenen Hölzern im Sumpf entdecken wir Blumen und seltene Vogelarten. Rehe und Feen beobachten uns dabei, ein Specht pocht. Wir nehmen den Waldabschnitt mit allen Sinnen wahr, entspannen und spüren, wie gut die stille Einkehr tut.

Wir lösen uns und folgen dem Naturweg, der bald in eine schmale Straße übergeht. Dann durchfahren wir den Weiler **Bauersdorf** auf der Straße **Zum Brook,** bis diese sich teilt und wir scharf links abbiegen. Wir rollen

auf einer Allee die Straße hinunter, die geradewegs zum **Gut Friedeburg** führt. Das Privatgelände betreten wir nicht und biegen stattdessen an der Kreuzung links ab Richtung **Schönweide.** Am Wegesrand wächst Knoblauchrauke im Schatten von uralten Kastanien und Eichen. Wir durchfahren ein landwirtschaftliches Gebiet mit vereinzelten Höfen und Pferdewiesen. Hin und wieder begegnen wir einem Treckerfahrer, ganz selten anderen Radfahrern. Wir biegen rechts ab, wenn wir die Straße **Am Bahndamm** sehen, und durchfahren die Ortschaft **Treufeld.** Nach einigen Kilometern fahren wir in den Weiler **Schönweide** ein, in dessen Mitte das prachtvolle, neu sanierte Gut Schönweide steht. Hinter der Freiwilligen Feuerwehr biegen wir rechts ab, überqueren den Bach Kossau und fahren immer geradeaus. An der Bundesstraße 430 biegen wir rechts auf den Fahrradweg ab und folgen ihm bis zu einer Schutt- und Baustofffirma. Dort überqueren wir die Bundesstraße

und fahren den idyllischen **Schulweg** hinunter bis zum **Gestüt Barghof.** Vor dem Hof stehen nahezu immer einige Islandpferde, die gerade gestriegelt werden. Das schöne Dorf **Görnitz** mit seinen Reetdachhäusern ist ein Paradies für Pferdefans. Die Tiere grasen hier in Herden auf den umliegenden Wiesen oder traben durchs Dorf. Am Barghof führt uns die Straße **Karlshöhe** hinaus aus der heil anmutenden, kleinen Reiterwelt. Die Karlshöhe mündet in den **Schönweider Weg,** den wir rechts hochfahren, um dann am Rande des naturbelassenen Waldes Görnitzer Moor entlangzuradeln. Am Ortseingang zu Grebin überqueren wir die Straße und fahren links hinauf zur Mühle und zum **5 Café To´n Windbüdel.** In der restaurierten Mühle erwarten uns wahrscheinlich die größten Tortenstücke der Holsteinischen Schweiz, liebevoll garniert mit Blüten aus dem Mühlengarten. Während wir uns an dem Blick über den hauseigenen Weinberg bis hinunter zum Schierensee erfreuen, kann es sein, dass Mühlenwirtin Tina Benz, eine Mezzosopranistin, gut gelaunt ein Lied anstimmt. Falls die Mühle geschlossen ist und wir dennoch Hunger oder Durst verspüren, können wir beides zünftig im **6 Restaurant Grebiner Krug** stillen. Kugelrund machen wir uns auf den Rückweg.

Grebiner Mühle

Wir fahren in Grebin hinein bis zur Dorfmitte am Grebiner Krug. Dort biegen wir rechts in den **Grebiner Redder** ein und fahren bergabwärts, bis auf der rechten Seite ein üppig blühender Garten unsere Aufmerksamkeit auf sich zieht. Tina Benz kann nicht nur singen, sondern auch Gärten gestalten. Ihren eigenen

Grebiner Mühle Café

nennt sie 7 **Feengarten,** und er darf kostenlos besichtigt werden, sofern die Pforte geöffnet ist. Nach dieser sinnlichen Zwischenstation radeln wir bergauf und bergab durch das Herz der Holsteinischen Schweiz, bis sich die ruhige Landstraße teilt und wir den linken Abzweiger **Richtung Timmdorf** wählen. Wir sehen den Schmarksee rechter Hand zwischen Blättern und Ästen hervorschimmern. Es wird waldiger. Schließlich stoßen wir auf die schmale **Dorfstraße** von Timmdorf, auf die wir links abbiegen. Einen Fahrradweg gibt es nicht. Deshalb hangeln wir uns auf einem Pfad rechts der Straße aus dem Ort hinaus **Richtung Malente.** Die Auf- und Anstiege werden wieder steiler. Wenn der **Wildpark** auf der rechten Seite auftaucht, biegen wir dahinter in die **Sebastian-Kneipp-Straße** rechts ein und rollen unserem Ausgangspunkt entgegen. An der nächsten Querstraße biegen wir rechts ab und können den **Bahnhof Malente** bereits sehen. Nach diesen einsamen Stunden zwischen Feldern und Wiesen sind wir tiefenentspannt und können dem geschäftigen Treiben gelassen entgegentreten.

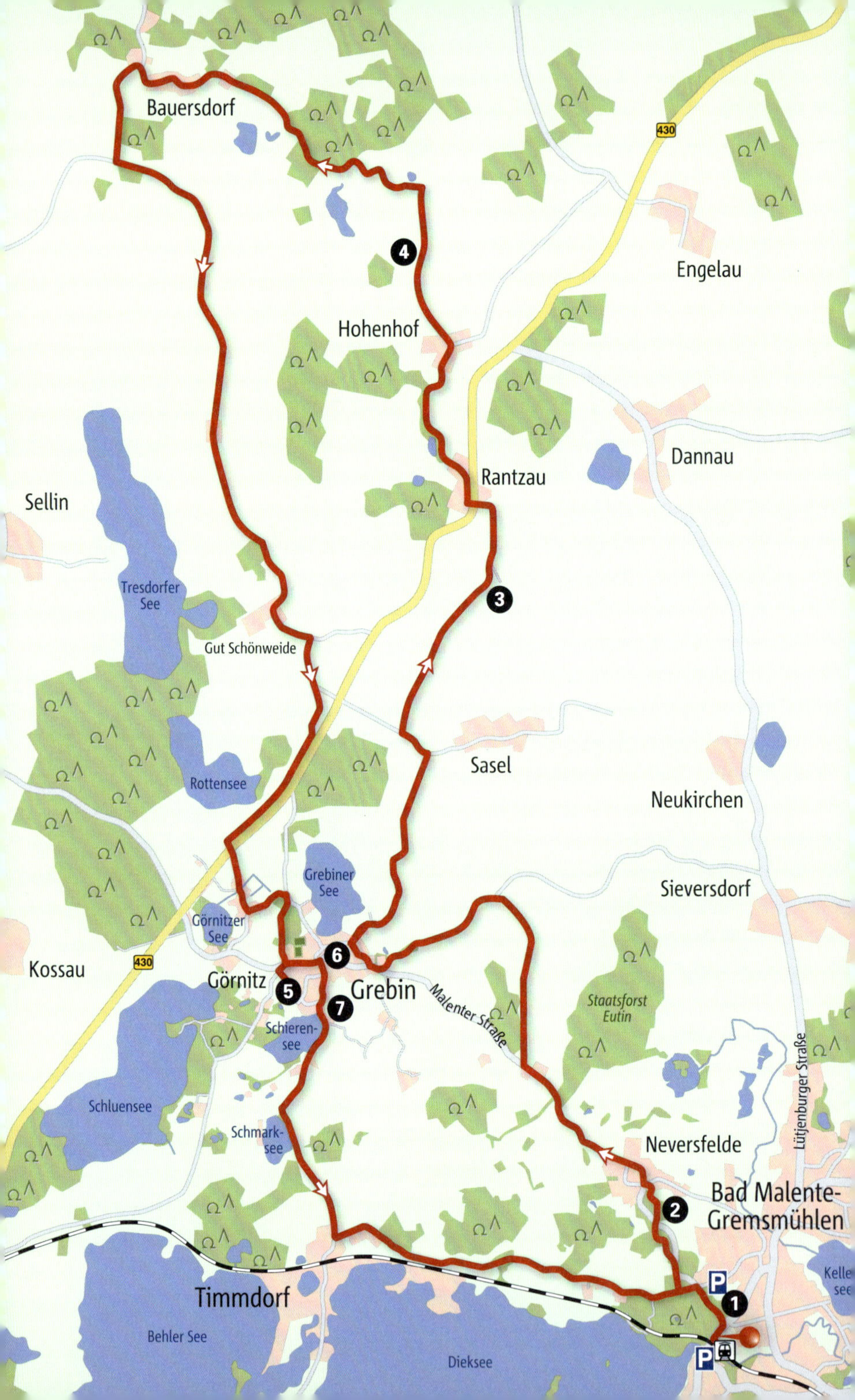

Bauersdorf
430
Engelau
Hohenhof
Dannau
Rantzau
Sellin
Tresdorfer See
Gut Schönweide
Sasel
Rottensee
Neukirchen
Grebiner See
Sieversdorf
Görnitzer See
430
Kossau
Görnitz
Grebin
Malenter Straße
Staatsforst Eutin
Schierensee
Schluensee
Schmarksee
Neversfelde
Lütjenburger Straße
Bad Malente-Gremsmühlen
Timmdorf
Behler See
Dieksee
Kellersee
1
2
3
4
5
6
7
P
P

ALLES AUF EINEN BLICK

Entspannung ●●●●●
Abenteuer ●●●
Vielfalt ●●●●●

WIE & WANN

Meistens autofrei, viele ruhige Landstraßen und landwirtschaftliche Wege, wenige unbefestigte Naturwege. Das ganze Jahr befahrbar.

HIN & WEG

Auto: Parkplätze direkt am Bahnhof Malente oder Parkplatz Krützen an der Sebastian-Kneipp-Straße, 23714 Malente (GPS: 54.167732, 10.550687 oder 54.171597, 10.549573)
ÖPNV: Regionalbahn ab Kiel oder Lübeck bis Bahnhof Bad Malente-Gremsmühlen

ESSEN & ENTSPANNEN

5 **Café To´n Windbüdel,** Behler Weg 1, 24329 Grebin, Tel. (01 74) 6 79 47 45, www.windbuedel.de
6 **Restaurant Grebiner Krug,** Dorfstraße 24, 24329 Grebin, Tel. (0 43 83) 4 23, www.grebiner-krug.de

ENTDECKEN & ERLEBEN

1 **Tews-Kate,** Sebastian-Kneipp-Straße 1, 23714 Malente, Tel. (0 45 23) 99 09 74, www.heimatverein-malente.de
2 **Holzbergturm** zwischen Malente und Neversfelde, www.wildpark-malente.de
3 **Hügelgrab**
4 **Antikhof,** Zum Bocksbarg 1, 24329 Dorf Rantzau, Tel. (01 70) 1 03 56 03
7 **Feengarten,** Grebinder Redder 30-34, 24329 Grebin

Blick auf Plön mit Schloss

Zwischen den Seen

Vom Plöner zum Selenter See

Mit dieser Tour erkunden wir die Ränder des Naturparks Holsteinische Schweiz. Diese Strecke ist von der Länge herausfordernd, die Höhenunterschiede dagegen überwinden wir entspannt. An stillen Orten können wir picknicken, Einkehrmöglichkeiten gibt es während der Badesaison lediglich am Selenter See.

Wir starten am Plöner Bahnhof und begeben uns auf die **Bahnhofstraße,** der wir links Richtung Zentrum folgen. Gleich die erste Straße biegen wir rechts auf den **Gänsemarkt** ab. Wir überqueren die Bundesstraße 430 an der Ampel und fahren einige Meter geradeaus, bis wir links in einen Pfad abbiegen, dann gleich wieder rechts. Dort treffen wir auf die Brückenstraße und biegen links ab. Wir folgen der Brückenstraße, bis sie halb rechts in die Straße Appelwarder mündet. Ihren schwungvollen Bogen nehmen wir mit Leichtigkeit und ignorieren den parallel laufenden Fahrradweg am Wasser, denn der führt uns zurück ins Zentrum. Stattdessen verlassen wir die Straße **Appelwarder** kurz vor der geräuschvollen Bundesstraße und begeben uns rechts auf den ausgewiesenen Radweg **Richtung Tramm.** Zwischen Bundesstraße und Kleingartenkolonie bewegend, balancieren wir über einen schmalen Pfad entlang des Trammer Sees und durchfahren schließlich die Ortschaft Tramm. Gleich dahinter rückt eine Badewiese ins Blickfeld, die uns lockt, eine Runde schwimmen zu gehen. Stattdessen setzen wir scharf links unsere Reise fort und fahren einen steilen Hang hinauf, von wo aus wir erstmals einen erhabenen Blick auf

Kilometer: 46
Höhenmeter: 366
Stunden: 4–5
RUNDTOUR

Rixdorf

das **Plöner Schloss** und die Stadtkulisse genießen. Wir radeln auf der sehr ruhigen Landstraße und durchfahren die Ortschaft **Theresienhof.** An der Gabelung orientieren wir uns links Richtung Trent. Direkt anschließend biegen wir bei der ersten Gelegenheit scharf rechts ab und gelangen auf einen Betonspuren-Feldweg, der später zu einem unbefestigten Feldweg wird. Gern nehmen wir diese kleine Beschwerlichkeit auf uns, weil wir nur auf diesem Weg mitten durch das Landschaftsschutzgebiet **Rixdorfer Teiche und Umgebung** gelangen. Zwischen den Teichen können wir unsere Fahrräder parken und uns den Gewässern auf leisen Sohlen nähern, um viele, teils geschützte Vogelarten zu beobachten. Mit ein wenig Glück entdecken wir am Himmel Seeadler, die hier besonders gerne kreisen. Hinter einer Kuppelwiese tauchen die ersten Reetdächer auf und wir nähern uns der außergewöhnlich großen **Gutsanlage Rixdorf.** Dazu biegen wir am Ende des Feldwegs links auf eine uralte Kopfsteinpflasterstraße ein und sehen weitere wunderschöne Reetdachhäuser. Den Gutshof betreten wir, sofern geöffnet, durch das Torhaus. Auf dem weitläufigen Gelände und

*Die spätbarocke **Gutsanlage Rixdorf** besteht aus Scheunen, Wirtschafts- und Wohngebäuden sowie Arbeiterhäusern und steht unter Denkmalschutz. Das Torhaus ist 99 Meter lang und verfügt über das größte Reetdach Deutschlands. Die Anlage ist wie seit Jahrhunderten ein landwirtschaftlicher Betrieb.*

in der ❶ **Festscheune** finden Flohmärkte, Messen und Feste statt. Hinter den letzten Häusern von **Rixdorf** bringen wir uns auf dem Fahrradweg schleunigst in Sicherheit, denn nicht nur die Fahrrad-, sondern auch die Treckerdichte nimmt rund um die beliebte Gutsanlage deutlich zu. Die gewaltigen landwirtschaftlichen Fahrzeuge rasen von einem Acker zum nächsten.

Für die Seele

Von den Hügeln am Großen Plöner See radeln wir hinaus ins flache Land.

Der Fahrradweg läuft nach rund 1 Kilometer geradewegs auf das Dorf **Lebrade** zu. Wir sehen am Ende einer Allee bereits das idyllische Ensemble aus Kirche und Pfarrgebäuden. Doch bevor wir uns das näher anschauen, machen wir eine Pause im ❷ **Hofladen Lebrade.** Eine Handvoll unerschrockener, gut gelaunter Leute hat dort einen Tante-Emma-Laden eröffnet, wo es neben Blumen und Dingen des täglichen Bedarfs auch regionale Spezialitäten zu kaufen gibt. Vor dem Laden stehen Strandkörbe und laden ein, dort etwas zu trinken. Wir nehmen Platz und schauen dem Dorftreiben ein wenig zu. Dann geht es weiter auf der **Dörpstraat.** Das Dorf Lebrade wirkt sehr einnehmend, sodass wir unsere Räder bei der ❸ **Kirche** gleich wieder parken und uns die Ortschaft genauer anschauen. Dazu spazieren wir um die Kirche herum und werfen vielleicht einen Blick ins Gotteshaus. Am Dorfrand beginnt das Landschaftsschutzgebiet **Lebrader Teich,** das man eher aus der Ferne betrachten kann.

Hofladen Lebrade

Wir verlassen die Ortschaft über die Dörpstraat und halten uns bei der nächsten Gabelung links Richtung Mucheln. Es wird augenblicklich still. Wir erfreuen uns am Vogelge-

Knicks sind Hecken etwa aus Schlehen-, Weißdorn- und Haselnusssträuchern. Sie ziehen sich wie Bänder durch die Landschaft und gehören zum Kulturgut Schleswig-Holsteins. Knicks dienen als Windschutz und bieten Wildtieren Unterschlupf und Vögeln Lebensraum.

zwitscher und der wellenförmigen Landschaft, die von üppigen Knicks mit Weißdornbüschen durchzogen wird. Die Holsteinische Schweiz zeigt sich nochmals in ihrer ganzen Pracht.

Nach rund 2 Kilometern biegen wir rechts ab und durchfahren die Häuseransammlung **Buchholz.** Die Landschaft ist hier bereits wesentlich flacher. Hinweisschilder zeigen **„Mucheln/Sellin"** an. Wir folgen jedoch dem Radweg Richtung Hasselburg, der scharf links über den **Neuheger Weg** verläuft. Wir durchkreuzen das Kuhdorf Hasselburg über die Lindenallee und begegnen freilaufenden Hühnern. Am Ortsausgang hinter dem Löschteich folgen wir weiterhin der Lindenallee, die einen Linksbogen macht und biegen die erste Straße rechts ab. Auf einem Feldweg mit zwei Betonspuren radeln wir immer geradeaus **Richtung Selenter See** und durchfahren eine typische Ackerlandschaft sowie einen kleinen Wald. Gleich dahinter teilt sich der Weg und wir wählen die linke Abzweigung. Jetzt wird es etwas holprig. Während wir durch die Landschaft ruckeln, liegen Galloways gemütlich auf der Weide. Auf den nächsten Kilometern können wir unsere Gedanken schweifen lassen, denn wir sind fast allein unterwegs. Unsere Blicke wandern von knorrigen Eichenalleen zu Waldabschnitten, Äckern und Wiesen. Hin und wieder treffen wir auf gepflegte einsame Häuser. Wir folgen dabei einer leicht gewundenen kleinen Landstraße über einige Kilometer. Sie heißt zunächst **Marienhorst,**

Kirche in Selent

dann **Windberg.** Bei der Gabelung Stellbökener Weg folgen wir ihr halb links auf der Straße **Brook.** Diese mündet in den Wittenberger Weg, auf den wir halb rechts abbiegen. Zuvor jedoch gönnen wir uns eine kleine Pause. Eine Bank bei einer mächtigen Eiche und zwei weißen Reetdachhäusern lädt uns geradezu ein, diese verwunschene Umgebung auf uns wirken zu lassen. In Ruhe können wir die vielen Fahrradhinweise studieren und lernen, dass es bis Selent noch 4,2 Kilometer sind. Nach kurzer Fahrt sehen wir einen **4 Selbstbedienungsstand,** wie er in der Holsteinischen Schweiz häufiger am Wegesrand anzutreffen ist. Dieser gehört zu der Lebens- und Werkgemeinschaft Grebinsrade e.V. Hier gibt es etwa Bioeier zu kaufen. Auf dem **Wittenberger Weg** radeln wir Richtung Selent bis zur nächsten Ortschaft. Dort biegen wir rechts auf den **Selenter Weg** ab und nehmen nach ein paar Hundert Metern den ersten Feldweg namens **Hogenrebenredder** hinterm Ortsausgang scharf links. Kräftig in die Pedale tretend, nehmen wir einen kurzen, steilen Hügel und sehen oben angekommen den **Selenter See.** An der Bundesstraße biegen wir rechts ab und fahren nach Selent hinein. Hinter der Tankstelle überqueren wir die Bundesstraße, fahren auf der Straße **Fellhusen** und biegen dann rechts in den **Steenkamp** ab. Unser Ziel, das Badehaus, ist bereits ausgewiesen. Die Straße geht in einen Feldweg über, den wir Richtung See hinunterradeln, bis er in einen Waldweg mündet. Dort biegen wir links ab und fahren am Wasser entlang bis zur großen Liegewiese mit Sandstrand. Unser Ziel ist erreicht. Wir gönnen uns eine Pause an diesem schönen Ort. Mit

Selenter See

ein wenig Glück hat das ❺ **Badehaus** geöffnet. Auf der Website finden wir die aktuellen Öffnungszeiten. Im Café gibt es selbst gemachten Kuchen, frisch zubereitetes Essen und immer einen fröhlichen Spruch dazu. Bei süßen oder salzigen Leckereien erfreuen wir uns an der familiär heiteren Atmosphäre und nehmen Platz auf einem der bunten Gartenstühle. Von hier haben wir einen wunderbaren Blick auf den See und das entspannte Badevergnügen der anderen. Wir machen unsere Beine lang und lassen die Seele baumeln. Ausgeruht begeben wir uns auf den Heimweg.

Auf derselben Strecke fahren wir zurück bis zur Bundesstraße und biegen dann jedoch links ab. Nach rund 200 Metern biegen wir rechts in die **Plöner Straße** Richtung Plön ab. Nun heißt es Strecke machen. Auf der Landstraße fahren wir 7,5 Kilometer, durchkreuzen eine Teichlandschaft und das Dorf **Mucheln,** bis wir schließlich in der hübschen Ortschaft Sellin ankommen. Dort biegen wir von der **Hauptstraße** links in die Straße **Achterrumredder** ein und fahren weiter geradeaus auf der Straße **An der Sandkuhle.** Augenblicklich wird es still. Rund 3,5 Kilometer radeln wir immer geradeaus, werden eins mit der Natur, lauschen den Vögeln und nehmen die Auenlandschaft mit allen Sinnen wahr. Wir überqueren eine kleine Landstraße und fahren durch ein Waldstück Richtung Kossau. Schließlich biegen wir an der Weggabelung rechts ab in die **Jittbuschtwiete,** an deren Ende wir links in die Dorfstraße fahren und das idyllische Dörfchen **Kossau** durchkreuzen. Bald hinter den letzten Häusern geht es rechts ab auf einen Landwirtschaftsweg. Achtung: nicht Richtung Tierheim fahren! Auf dem verwunschenen Weg entdecken wir hinter jedem Hügel ein neues Raps-Wasser-Waldpanorama. Wenn der Weg endet, biegen wir rechts und dann gleich wieder links ab und gelangen in das reetdachreiche Dorf **Rathjensdorf.**

Von hier scheinen alle Wege nach Plön zu führen. Wir wählen die Ausschilderung **„Trammer See Badestelle/ Plön Bahnhof"** und biegen in der Dorfmitte rechts in die Straße **Hörn** ein, die überraschenderweise in einen Feldweg übergeht. Wir vertrauen den Hinweisschildern und werden nach kurzer Fahrt mit einem unglaublich eindrucksvollen Blick auf Plön, das Schloss und den Trammer See belohnt.

Ab jetzt folgen wir einem Pfad und schieben unser Rad schließlich einen Hang hinunter und gehen am Trammer See entlang. Wenn wir die Badewiese erreichen, haben wir den holprigen Abschnitt hinter uns und biegen links nach Tramm ab. Alles kommt uns bekannt vor, denn ab hier radeln wir den Hinweg einfach zurück zum **Bahnhof Plön.** Müde und froh zugleich blicken wir zurück auf eine lange, beinahe meditative Tour voller stiller Naturerlebnisse ganz im Hier und Jetzt.

*Als **Alternative** zum holprig beschwerlichen Radweg Trammer See/Plön Bahnhof können wir in Rathjensdorf weiter auf der Landstraße Richtung Theresienhof radeln. Dort biegen wir links ab und rollen hinunter bis zur Badewiese am Trammer See.*

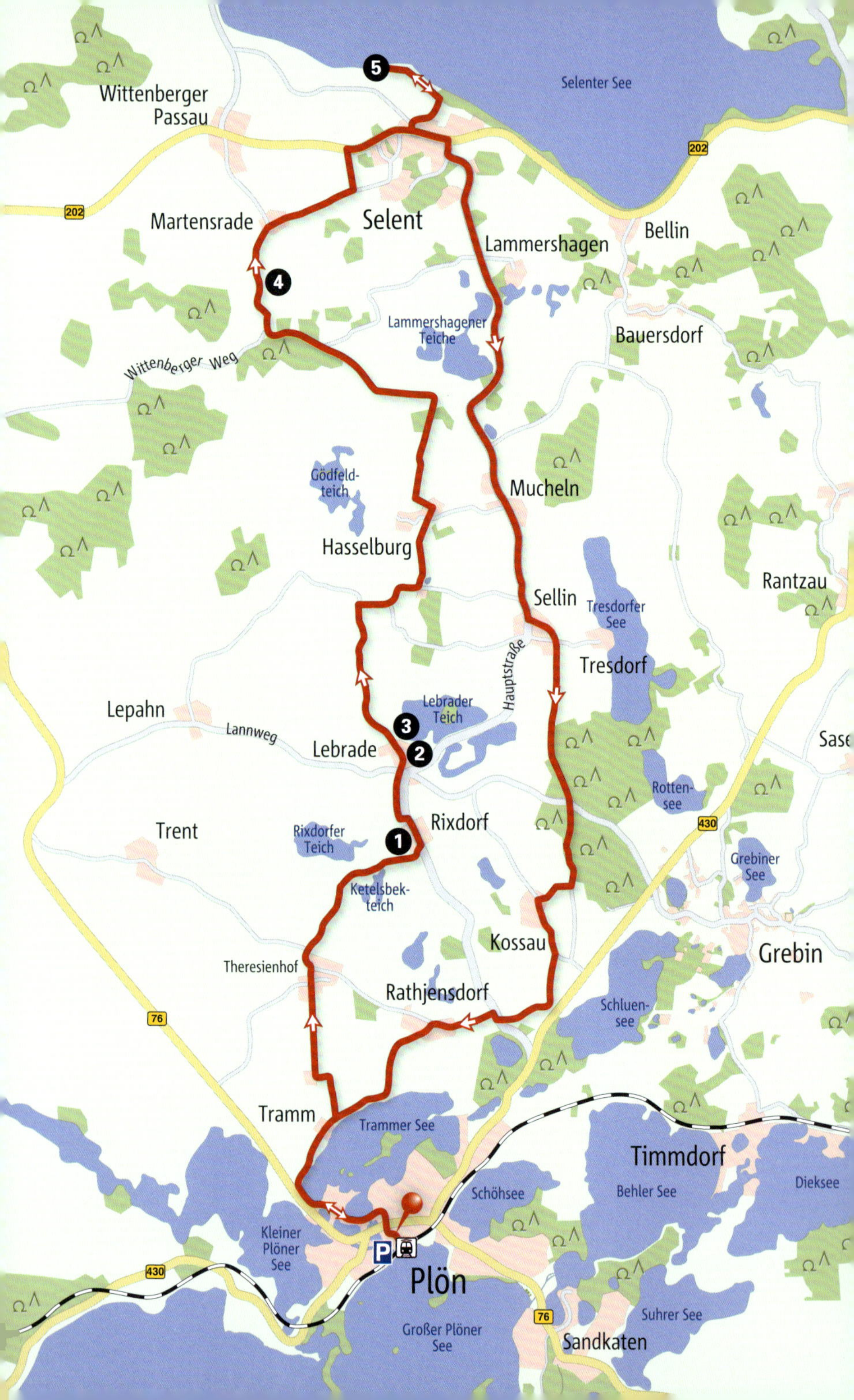

Selenter See
Wittenberger Passau
202
Martensrade
Selent
Lammershagen
Bellin
Lammershagener Teiche
Bauersdorf
Wittenberger Weg
Gödfeld-teich
Mucheln
Hasselburg
Sellin
Tresdorfer See
Rantzau
Hauptstraße
Tresdorf
Lebrader Teich
Lepahn
Lannweg
Lebrade
Sase
Rotten-see
430
Trent
Rixdorfer Teich
Rixdorf
Grebiner See
Ketelsbek-teich
Kossau
Grebin
Theresienhof
Rathjensdorf
Schluen-see
76
Tramm
Trammer See
Timmdorf
Schöhsee
Behler See
Dieksee
Kleiner Plöner See
Plön
Suhrer See
Großer Plöner See
Sandkaten
1
2
3
4
5

ALLES AUF EINEN BLICK

Entspannung 🚲🚲🚲🚲

Abenteuer 🚲🚲🚲🚲🚲

Vielfalt 🚲🚲🚲

WIE & WANN

Oft autofrei, einige ruhige Landstraßen, viele Feldwege, teilweise unbefestigt, wenige Waldwege, teils Pfade, kurzes Stück Stadtverkehr. Das ganze Jahr bei trockenem Wetter befahrbar.

HIN & WEG

Auto: verschiedene Parkplätze rund um den Bahnhof Plön, 24306 Plön (GPS: 54.159607,10.421938 oder 54.159270,10.421467)
ÖPNV: Regionalbahn ab Kiel oder Lübeck bis Bahnhof Plön

ESSEN & ENTSPANNEN

2 **Hofladen Lebrade,** Lannweg 2-4, 24306 Lebrade, Tel. (0 43 83) 8 12 99 59, www.holsteiner-landgenuss.eu

4 **Selbstbedienungsstand,** Wittenberger Weg 10 a, 24238 Martensrade, www.grebinsrade.de

5 **Badehaus,** Selenter See, 24238 Selent

ENTDECKEN & ERLEBEN

1 **Festscheune Rixdorf,** 24306 Rixdorf, Tel. (01 70) 3 40 38 32, www.festscheune-rixdorf.de

3 **Ev.-luth. Kirche Lebrade,** Pastertwiet 2, 24306 Lebrade

Café von Behlau

Liebeswege

Ab Bosau zur Bräutigamseiche

Die „Liebestour“ ab **Bosau** am Großen Plöner See führt durch schnuckelige Dörfer und hält seelenweitende Panoramen bereit. Je nach Jahreszeit darf das Auge über leuchtendes Rapsgelb, saftiges Grün oder die rostbraunen Töne des Herbstes schweifen. Höhepunkte der Tour sind einladende Landcafés, die legendäre Bräutigamseiche sowie der Luftkurort Bosau selbst. Er lädt zur Erkundung ein und hält erquickende Ruheoasen am Wasser bereit.

Unsere Tour startet am ❶ **Schiffsanleger der Bosau-Fahrt,** der sich hinter dem ❷ **Strauers Hotel am See** befindet. Wer mag, kann auf dem Wasserweg von Plön Fegetasche aus in Bosau anlanden. Denn die sympathischen Skipper befördern Fahrräder auf Teilstrecken praktischerweise auf dem Dach des Motorschiffs MS Antje.

Möglich ist auch, ohne Rad ab Plön via ALFA (Anruf-Linien-Fahrten) 353 bis Bosau zu fahren (Tel. (0 45 22) 88 88, Busbestellung mind. 60 Minuten vor Abfahrt, Fahrradmitnahme nicht erlaubt) und dann beim ***Fahrradverleih Harm*** *in der Straße Achter de Mur ein 28-Zoll-Rad mit sieben Gängen zu leihen.*

Bevor es entlang wogender Felder und Wiesen geht, wollen wir einen Blick auf Bosaus historisches Herzstück erhaschen. Dazu fahren wir den kurzen Pfad neben Strauers Hotel zur Plöner Straße hinauf. Dort schwenken wir nach rechts und folgen dem **Gerold Damm.** Dieser knickt bald leicht rechts in den Bischof-Vicelin-Damm ab. Wir radeln vorbei am ❸ **Gasthaus Zum Frohsinn** und – via Helmoldplatz – auf dem Pastor-Piening-Weg weiter. Über diesen gelangen wir zur rund 870 Jahre alten ❹ **St.-Petri-Kirche zu Bosau.**

Kilometer: 29,8
Höhenmeter: 273
Stunden: 3,5
RUNDTOUR

Ihre weiß getünchten, dickbuckeligen Feldsteinwände leuchten unter dem rötlichen Dach. Ringsherum ist „der kleinste Dom der Welt“ von einem Friedhof umgeben, welcher

Strauers Hotel am See

St.-Petri-Kirche zu Bosau

seinerseits von einem schützenden Lindenbaumkranz gerahmt wird.

Nach der Erkundung des friedvollen Areals radeln wir zunächst dieselbe Strecke zurück und zweigen kurz nach dem Gasthaus Zum Frohsinn rechter Hand in einen von Birken gesäumten, schnurgeraden Sandpfad ab, welcher uns direkt zur **5 Badestelle in Bosau** leitet. Schon aus der Ferne funkelt der Große Plöner See.

Nach einer Stippvisite am schönen Strand samt beliebtem **6 McBraasch Bosau Beach Pub** schieben wir zurück zum Strandweg und fahren rechtsherum weiter. Bald trifft dieser auf die Stadtbeker Straße, in die wir links abzweigen. Nach rund 300 Metern radeln wir zweimal rechts in die **Eutiner Straße.** Auf diesem fast U-Turn-artigen Manöver umfahren wir ein schönes Fachwerkgebäude, die **7 Kunstgalerie „Im Dorf“.** An Samstagen und Sonntagen können Radelnde hier neben Kunst auch ein Getränk im **Biergarten** genießen.

Wir verlassen Bosau auf dem Radweg der **Eutiner Straße** mit einem Anstieg, der bald in das wunderbar hügelige Auf und Ab der Holsteinischen Schweiz übergeht. Nach rund 2 Kilometern – kurz nach der Blockredder – überqueren wir die Straße und folgen dem geteerten Feldweg nach links (Beschilderung Richtung Brackade) für 1,5 Kilometer. Kurz bevor dieser in die **Alte Salzstraße** mündet, knickt er scharf nach rechts ab. Links in die Alte Salzstraße abgebogen, bleiben wir dieser nur wenige Hundert Meter treu und folgen dann der Beschilderung Richtung Thürk nach rechts. Vorbei an einer majestätischen Eiche sausen wir in eine offene Feld- und Wiesenlandschaft hinab, schwenken in eine scharfe Links- und schließlich

Für die Seele

Auf der „Tour de l'amour“ radeln wir durch sanfte Hügel- und Wiesenlandschaften.

Beach Pub

*Zwischen Mai und September (Sa., So. und feiertags) umrundet die touristische **Buslinie Seekieker** viermal am Tag im Uhrzeigersinn den Plöner See – und transportiert auch Fahrräder. Start ist der Bahnhof Plön. So können Radler den Ausgangspunkt Bosau gut erreichen.*

Bauernhofcafé am Dodauer Forst

Rechtskurve – und erreichen das Dörfchen **Thürk** über die Bergstraße. Bei erster Gelegenheit folgen wir der **Redderwiese** nach links. Der Wegweiser nach **Kleinmeinsdorf** deutet auf unser nächstes Zwischenziel. Dort erwartet uns ein herrlicher Ort für eine Einkehr. Noch bevor wir das Dorf erreichen, geht die Redderwiese in den Thürker Weg über.

In Kleinmeinsdorf angelangt, schwenken wir an der Gabelung nach rechts in die Schulredder und abermals rechts in die **Dorfstraße.** Unweit ist zu unserer Linken die Hausnummer 15 erreicht: Ein bildschönes, historisches Bauernfachwerkhaus, in dem sich das **8 Café von Behlau** verbirgt. Bereits seit 2013 öffnet Hans-Jürgen Behlau sein Zuhause an Wochenenden auch für kaffeedurstige Radlerinnen und Radler. Das gemütliche, mit Kunst behangene und von Fachwerkbalken durchzogene Café geht in einen traumhaften Gartenbereich über. Die terrassenartig angelegte und vor Blumen und Obstbäumen strotzende Oase gibt eine weit schweifende Aussicht auf grüne Rinderweiden frei. Ewig möchten wir hier am Käffchen nippen, von der Cappuccinotorte naschen und glücklichen Kühen beim Grasen zuschauen.

Doch die nächsten Glanzpunkte der Tour locken uns zurück auf den Fahrradsattel. Wir folgen der Dorfstraße nach links und lassen Kleinmeinsdorf hinter uns. Ein befestigter Weg – auf dem wir uns an Gabelungen stets links halten – führt uns in kurvenreichen 2,5 Kilometern zum nächsten Etappenziel: dem Gut Friedrichshof mit seinem großzügig angelegten **9 Bauernhofcafé am Dodauer Forst.** In typischer Hofatmosphäre und in Gesellschaft manch freilaufender Ziegen genießen Ausflügler an zahlreichen Tischen frische Torten und Kuchen – kreiert von der Familie Biss.

*Es lohnt, im **Hofladen von Gut Friedrichshof** vorbeizuschauen. Hier können Radelnde Korb oder Satteltasche mit leckeren regionalen Produkten füllen, etwa mit frischem Gemüse, Käse- oder Marmeladenleckereien. Öffnungszeiten auf der Website.*

Bräutigamseiche

Zurück auf der Straße Friedrichshof, folgen wir dieser nach rechts und treffen alsbald auf die **Bundesstraße 76.** Hier schwenken wir rechts in den Radweg und verbleiben für 1,5 Kilometer auf ihm. Nur noch wenige Kilometer trennen uns von dem Baum, welcher der „Liebestour“ ihren Namen verlieh.

Ein **hölzerner Pfahl mit orangeroter Spitze** (Rettungspunkt 1829R29) markiert den Ort, an dem wir links – die B 76 überquerend – in die **Kastanienallee** abzweigen und in den wunderbaren **Dodauer Forst** eintauchen. Einen halben Kilometer rollen wir die herrliche Allee hinab, umhüllt vom dichten, duftenden Wald; der Forstweg lässt sich prima befahren. Nun wählen wir den schmalen Waldweg (dritter rechter Abzweiger ab B 76) und radeln rechts auf unser einzigartiges Etappenziel zu: die legendäre **10 Bräutigamseiche.**

Der 500-jährige Baumriese hat Liebesgeschichte geschrieben: Seit sich ein junges Pärchen, das sich stets heimlich an dieser Eiche traf, im Sommer 1891 unter ihrer mächtigen Krone vermählte, verbreitete sich dieses Happy End unter Kurgästen. Der knorrige Baum wurde zur „Bräutigamseiche" mit eigener Anschrift – und ein Astloch in luftiger Höhe zum internationalen Liebesbriefkasten. Partnergesuche aus aller Welt, von Sylt bis Sri Lanka, trudeln unentwegt hier ein. Weit über 100 Paare sollen sich über den Liebesbaum bereits gefunden haben. Hierzu zählt sogar der ehemalige örtliche Briefträger selbst!

Wer sein Liebesglück selbst versuchen will, wirft sein Gesuch ins Astloch – oder sendet es an folgende Adresse: ***Bräutigamseiche,*** *Dodauer Forst, 23701 Eutin. Schon bald wird ein Postbote es im Astloch versenken. Jeder darf die Briefe lesen – oder bei Interesse mitnehmen und beantworten.*

Nachdem auch wir die Leiter erklommen und einige der Briefe mit großer Neugier gelesen haben, schieben wir über den Platz hinweg weiter geradeaus zu einem Parkplatz am Waldweg **Dodau.** Für das nächste Etappenziel folgen wir der asphaltierten Straße nach links, um rund 600 Meter später rechts in eine prächtige 1,3 Kilometer lange **Lindenallee** einzutauchen. Etwa auf der Mitte der Strecke radeln wir im Links-rechts-Manöver an einigen versprengten Gebäuden vorbei. Von hier an trägt die Allee den Namen **Am Walde** und mündet ins Dörfchen **Rachut.**

Am Ende zweigen wir nach links in die **Rachuter Straße** ab, welche – entlang Gehölz und Wiesen – nach bereits 500 Metern auf die stärker befahrene **Plöner Straße** trifft. Wir queren diese und fahren – nach links abgebogen – für gut 1 Kilometer auf dem Radweg weiter. An der Beschilderung **Richtung Schotter-/Mörtelwerk** schwenken wir rechts und unternehmen eine geologische Reise in die Vergangenheit: Denn wir finden uns vor einem steinernen Riesen wieder, der stattliche zwei Milliarden Jahre auf dem Buckel hat!

Zudem ist der **Wandhoff-Findling** im **11 Findlingsgarten Kreuzfeld** ein „gebürtiger" Schwede. Mächtige Gletscher der letzten Eiszeit vor 10.000 Jahren haben ihn

von Südschweden bis hierher transportiert. Den 126-Tonnen-Koloss, der aussieht wie ein gigantisches halbiertes Osterei, entdeckte man 1983 in der angrenzenden Kiesgrube. Nun thront er in der Mitte des Steingartens, umzingelt von vielen weiteren, jedoch kleineren Brocken unterschiedlicher Gesteinsarten. Kleine Infoschilder verraten mehr über sie.

Langsam treten wir bereits den Rückweg an und biegen rechts in die **Plöner Straße** ein. Wir radeln ein kleines Stückchen weiter und zweigen am Bushäuschen (Schild Richtung Bräutigamseiche) links in die **Dorfstraße,** die durch **Kreuzfeld** führt. Nach einem halben Kilometer geht es hinter einem Bauernhof rechts in den Meinsdorfer Weg. Wir folgen dem geschotterten Feldweg für 1,5 Kilometer durch eine stillschöne Knick- und Wiesenlandschaft, bis wir die **Bundesstraße 76** erreichen. Diese überquert, schwenken wir nach rechts auf den Radweg, zweigen schon nach wenigen Hundert Metern links in die **Kirchstraße** ein (Beschilderung Richtung Klein-Meinsdorf). Im schmucken Dörfchen queren wir die uns bereits bekannte Dorfstraße, radeln – vorbei an einer Eiche mit Gedenkstein – auf der Schulstraße weiter geradeaus.

An der nächsten Gabelung fahren wir rechter Hand auf **Schmiederedder** weiter und lassen das Dorf hinter uns. Nach rund 800 Metern zweigen wir links in einen zunächst ansteigenden und später auf- und abschwellenden Feldweg **(Ehlertredder)** ab. Bei wechselndem Straßenbelag (Asphalt, Betonspurweg, Schotter-/Waldweg) beschert uns die einsame Passage malerische Landschaftspanoramen – und führt bald durch ein kleines Waldstück.

An der Kreuzung zur **Alten Salzstraße** geht es links auf dem Radweg weiter. Jedoch nur kurz; nach 200 Metern schwenken wir rechts in **Am Dörpsdiek** (Hinweisschild zum Landhaus Jägerhof sowie Beschilderung Richtung Börndorf). Flugs sind wir in der verträumten Siedlung angelangt und fahren links auf Dörpsdiek weiter, vorbei am Dorfteich. Bald darauf zweigen wir rechts in die **Backhusredder** ab.

Für 2 Kilometer pedalieren wir unbeschwert durch die wohltuende Landschaft und lüften unsere Seele. Freiheitsgefühle durchströmen uns. Von knapp 100 Höhenmetern genießen wir erhebende Panoramaausblicke und rollen langsam, aber stetig bergab. Wo die Felder enden, blitzt in der Ferne gar das perlweiße Plöner Schloss hervor.

Angelangt im stillen Dörfchen Kleinneudorf, folgen wir der Beschilderung nach Bosau und radeln rechtsherum auf der gleichnamigen Straße **Kleinneudorf** weiter, die bald in **Sandlid** übergeht. Auf dem letzten Kilometer geht es abermals bergab. Vorsichtig queren wir die Plöner Straße und radeln weiter geradeaus bis zum Seeufer. Dort nach links abgebogen, sind wir zurück am Anleger in Bosau. Bei einem kühlen Getränk auf der Terrasse des Strauers Hotel haben wir erneut die traumhafte Seenlandschaft im Blick – ein Seelenschmeichler.

Olsborg
Prinzeninsel
Ruhlebener Warder
Ruhleben
Großer Plöner See
Bischofswarder
Bischofs-
see
Sandkaten
76
Suhrer
See
Heiden-
see
Vierer See
Malenter Straße
Oberkleeveez
Kreuzfeld
Plöner Straße
Rachut
Bösdorf
Kleinmeinsdorf
Dodauer
See
Dodauer
Forst
Dodau
Pfingstberg
Waldshagen
Börnsdorf
Alte Salzstraße
Bergstraße
Kleinneudorf
Bosau
Thür
Brackrade
Majenfelder Landstraße
Majenfelde
1
2
3
4
5
6
7
8
9
10
11

ALLES AUF EINEN BLICK

Entspannung 🚲🚲🚲🚲🚲

Abenteuer 🚲🚲🚲🚲

Vielfalt 🚲🚲🚲🚲

WIE & WANN

Überwiegend asphaltierte und ruhige Nebenstraßen, streckenweise Sand-, Schotter- und Waldwege, sehr kurze Abschnitte an Landstraßen (mit Radweg). Bei trockenem Wetter ganzjährig gut befahrbar.

HIN & WEG

Auto: kostenloser Parkplatz Strandweg, 23715 Bosau (GPS: 54.101745, 10.429012)
ÖPNV: Linienbus ab Eutin bis Haltestelle Bosau Feuerwehr

ESSEN & ENTSPANNEN

2 **Strauers Hotel am See,** Gerold Damm 2, 23715 Bosau, Tel. (0 45 27) 99 40, www.strauershotel.de

3 **Gasthaus Zum Frohsinn,** Bischof-Vicelin-Damm 16–18, 23715 Bosau, Tel. (0 45 27) 2 69, www.zum-frohsinn.de

6 **McBraasch Bosau Beach Pub,** Strandweg 10, 23715 Bosau, Tel. (0 45 27) 7 91 90 89, www.mcbraasch.de

7 **Biergarten in der Kunstgalerie „Im Dorf",** Stadtbeker Straße 1, 23715 Bosau, Tel. (0 45 27) 97 22 18, www.im-dorf.net

8 **Café von Behlau,** Dorfstraße 15, 24306 Kleinmeinsdorf, Tel. (0 45 22) 92 04, www.hof-behlau.de

9 **Bauernhofcafé am Dodauer Forst,** Friedrichshof 1, 24306 Bösdorf, Tel. (0 45 21) 7 27 49, www.dodau.de

ENTDECKEN & ERLEBEN

1 **Schiffsanleger Bosau-Fahrt,** Gerold Damm/Plöner Straße, 23715 Bosau, Tel. (0 45 22) 67 66, www.grosseploenersee-rundfahrt.de

4 **St.-Petri-Kirche zu Bosau,** Helmoldplatz 4, 23715 Bosau, Tel. (0 45 27) 17 18, www.kirche-bosau.de

5 **Badestelle Bosau,** Strandweg 6, 23715 Bosau

10 **Bräutigamseiche,** Dodauer Forst, 23701 Eutin

11 **Findlingsgarten Kreuzfeld,** Plöner Straße (Einfahrt Kieswerk), 23714 Malente-Gremsmühlen

Gipfelglück

Ab Eutin zum Bungsberg

Unsere abwechslungsreiche Gipfelstürmertour startet an der Eutiner **Touristinformation** am **Marktplatz,** auf dem mittwochs und samstags der ❶ **Eutiner Wochenmarkt** mit frischen Waren lockt – perfekt für leckeren Proviant.

Schließlich brauchen wir zum Erradeln der heutigen 168 Höhenmeter eine extra Portion Energie. Vom Markt aus nehmen wir Kurs auf die St. Michaeliskirche, umradeln diese, um dann – die Schlossstraße querend – über die gepflasterte Wasserstraße zur **Seepromenade** zu gelangen. Nach links abgebogen, umfahren wir die kleine Bucht und halten uns stets am Gewässer. Auf dem Bebensundweg rollen wir anschließend durch den Seepark, vorbei am ❷ **Bootshaus.** Von dort rollen wir automatisch über die Bebensundbrücke, von der wir linker Hand die historische **Freibadeanstalt Eutin** erspähen. An der Gabelung wählen wir den linken Weg und verbleiben auf diesem zunächst ansteigenden Waldweg. Er führt uns vorbei an den Tennisplätzen (dort an der Gabelung rechts halten) und nach einem leichten Rechtsknick bald zum Fußballplatz. Hier treffen wir auf den geschotterten Feldweg **Steinredder** und biegen links ab.

Kurz darauf ist die asphaltierte **Auestraße** erreicht, in die wir nach links schwenken und so das lang gestreckte Dörfchen **Fissau** durchradeln. Im Verlauf geht sie in die **Dorfstraße** über, an der auch der ❸ **Gasthof Wittenburg** – mit holsteinischer Hausmannskost – liegt.

Kurz darauf gabelt sich die Straße und wir schwenken nach rechts, um der zunächst steil ansteigenden Straße **Mörken** zu folgen. Nach

*Sowohl in der Touristinformation Eutin als auch in Malente und Plön können Urlauber ohne eigenes Rad zu den entsprechenden Öffnungszeiten **Fahrräder (auch E-Bikes) ausleihen.** Eine rechtzeitige telefonische Reservierung ist empfohlen.*

Kilometer: 36,2

Höhenmeter: 460

Stunden: 4

RUNDTOUR

300 Metern vorbei an Einfamilienhäusern kreuzen wir die Sielbecker Landstraße und rollen – weiter geradeaus – den nach rechts abfallenden **Wolfsberg** hinab. Abermals 300 Meter weiter zweigen wir nach links in einen schmalen, kurzen Sandpfad zum **Kellersee** ab (am blauen Fuß-/Radweg-Verkehrsschild).

Kellersee

Am See schwenken wir rechts und sind auf den nächsten 3 Kilometern entlang des Seeufers von romantischen Ausblicken begleitet. Uns stets am Ufer haltend, fliegen wir nur so dahin. Hinter den Bäumen leuchten gelbgoldene Schilfgürtel, die das tiefblaue Gewässer säumen. Wie gemalt. Nach diesem Radelgenuss führt der Naturweg auf den **Parkplatz am Uklei Fährhaus** in Sielbeck. Dass das rostrot gestrichene Gasthaus zurzeit nicht mehr in Betrieb ist, schmälert den betörend-schönen Ausblick auf die Weite des Kellersees in keiner Weise. Es lohnt, abzusteigen und vor dem alten Holzsteg innezuhalten – ein wunderschönes Fotomotiv. Fast wähnen wir uns in der Seenlandschaft Südschwedens. Kein Wunder, ist die Holsteinische Schweiz doch gleichermaßen eiszeitlich geprägt. Zu den Relikten der Eiszeit zählt auch das nächste Etappenziel, der verträumte **4 Ukleisee.** Hierzu radeln wir die Straße **Zum Ukleisee** gegenüber dem Fährhaus hinauf und folgen nach rund 500 Metern dem weißen Hinweisschild „Ukleisee" nach links. Ein kurzer Stichweg leitet uns auf den Naturpfad, der rund um das von Wald gesäumte Gewässer führt.

Unten angelangt, zweigen wir scharf rechts ab und fahren für gut 1 Kilometer unter dem dichten Blätterdach hoch aufstrebender Buchen entlang des verwunschenen Uferwegs. Dabei radeln wir auf den Spuren mittelalterlicher slawischer Siedlungen und gar noch älterer Burgrelikte am Ukleisee. Kurz nach dem **blau-**

*Der **Ukleisee** birgt eine geologische Besonderheit: Er zählt zu den seltenen sogenannten Toteisseen. Er entstand vor 10.000 Jahren durch Eisblöcke, die – abgetrennt von der sich zurückziehenden Gletscherhauptzunge – hier verblieben und abschmolzen. Der See ist eingerahmt von dicht bewaldeten Hügeln.*

gelben Infoschild („Archäologisches Denkmal") hinter einem Erdhügel linker Hand zweigen wir rechts in den steilen, kurzen Waldweg und erreichen oben einen parallel verlaufenden Waldweg. In diesen recht stark geschotterten Weg zweigen wir links ab, halten uns an der baldigen Gabelung rechts und radeln nochmals rund 2 Kilometer weiter bis zum Nücheler See. Dieser Streckenabschnitt ist durch den Belag etwas holperiger, doch wir werden belohnt.

Für die Seele

Vom Bungsberg genießen wir den Blick auf die weitläufigen Hügelketten.

Der in sanft hügelige Felder und Koppeln eingebettete **Nücheler See** ist der perfekte Ort für eine idyllische Rast. Die Picknickdecke ausgebreitet, lauschen wir raschelnden Baumwipfeln, tirilierenden Vögeln und beobachten unweit grasende Pferde. Die ❺ **Badestelle am Nücheler See** verspricht Seeglück pur. Wer mag, hopst vom Badesteg ins erfrischende Nass.

Auf dem Bungsberg

Erquickt und belebt schwingen wir uns zurück in die Sättel, radeln auf den kommenden 400 Metern zunächst weiter mit seitlichem Seeblick und strampeln dann im Rechtsbogen ziemlich steil bergauf. Aufgrund des hier sehr steinigen, unebenen Weges entscheiden wir uns, das ansteigende Stückchen zu schieben. Auch, um den Ausblick auf die links abfallende, tiefe Schlucht genießen zu können, durch die ein Bächlein gurgelt. Oben angelangt, biegen wir rechts auf einen breiten Sandpfad ab, der uns für einen halben Kilometer entlang der hier typischen Knicks und Felder führt.

An einem **Holzpfahl mit leuchtend orangerot gestrichener Spitze** (Rettungspunkt 1829R16) schwenken wir schließlich nach links in einen abzweigenden Waldweg und werden von einer knorrigen Baumallee empfangen. Wildblumen und Waldmeister säumen den Pfad, der nach 1 Kilometer auf einen weiteren Waldweg trifft.

Zu unserer Rechten erblicken wir die Koppeln und Gebäude des **6 Reiterhofs Bökensberg.**

Für uns geht es indes linksherum weiter und ein Wegweiser verrät: Nur noch 5,5 Kilometer trennen uns vom Gipfelglück auf Schleswig-Holsteins höchster Erhebung, dem Bungsberg. Dazu radeln wir auf einem schönen, doch etwas steinig-staubigen Feld- und Waldweg zunächst bis **Kirchnüchel,** queren die **L 178** und fahren weiter geradeaus auf dem Weg namens **Kirchmühl.** Hier haben wir mit einem zweispurigen Plattenweg schließlich wieder glatten Boden unter den Reifen, was den folgenden Anstieg erleichtert. Es geht stetig leicht bergauf. Kurz bevor wir linker Hand das **Gut Kirchmühl** erreichen, lohnt ein Blick zurück auf den sanft geschwungenen Weg und die malerischen, von Wald und Knicks gezierten Hügel der Holsteinischen Schweiz. Ein Augenschmaus.

*Auf ihrem **Welsh-Cob-Gestüt Llaun** bietet Claudia Gerling auch für Anfängerinnen und Anfänger geführte Ausritte durch die umliegende malerische Landschaft an. Wanderritte und längere Reiterferien (Ferienwohnungen vorhanden) lassen Reiterherzen hier höherschlagen.*

Nach dem Passieren des Guts Kirchmühl verbleiben wir weitere 1,2 Kilometer auf dem in Kurven verlaufenden **Kirchnücheler Weg,** der nun wieder zur Sandpiste wird. Schließlich funkelt linker Hand der **Nücheler Teich** durch den Knick hindurch. Genau gegenüber zweigt rechts der schnurgerade, schmale Trampelpfad in Richtung Bungsberg ab. Ein rundes, blaues Fußgängerhinweisschild markiert den Zugang. Zunächst querfeldein geschoben, erreichen wir nach einer kurzen Waldpassage das Plateau des Bungsbergs samt **7 Fernmelde- und Elisabethturm** sowie dem **8 Café & Restaurant ü. 168 NN.**

*Wer mag, kann die Aussichtsplattform des rund 150 Jahre alten, denkmalgeschützten **Elisabethturms** erklimmen. Besonders sind neben der weiten Aussicht aus 22 Meter Höhe die farbigen Fenstermotive, die den jüngst sanierten, achteckigen Turm aus Granit ringsherum zieren.*

Hier hält uns nichts mehr im Sattel und wir erklimmen die fast 200 Stufen des Fernmeldeturms, bis wir die rundum verlaufende Aussichtplattform auf gut 40 Meter Höhe erreichen – und fürstlich belohnt werden. Welch berauschende Aussicht! Unter Himmelblau und Schäfchenwolken breitet sich ein hügeliges, auf- und abschwellendes Meer an Äckern, Feldern und Wäldern aus. Besonders schön ist der Anblick im Mai, wenn sonnengelb blühende Rapsfelder bis zum Hori-

Restaurant ü. 168 NN

zont leuchten. Das 360-Grad-Gipfelglück genießen wir ausgiebig, bevor wir uns auf den herrlichen Terrassenplätzen des Restaurants ein wohlverdientes Mittagessen munden lassen.

Vor der Weiterfahrt erradeln wir selbstverständlich noch den unweiten **Gipfelstein des Bungsbergs** und saugen die lieblich-hügelige, wohltuende Aussicht ein letztes Mal in uns auf. Nun geht es für die folgenden rund 10 Kilometer fast stetig bergab. Unsere etwas strapazierten Waden jubeln. Wir lassen uns zum Platz zurückrollen, fahren vorbei am Restaurant und anschließend automatisch die unbefestigte Straße hinunter. Sie führt auf die glatt asphaltierte Straße namens **Bungsberghof** (ohne Radweg) zu. Rechts in diese abgebogen, sausen wir die vor uns liegenden knapp 2 Kilometer mit Fahrtwind im Haar bergab – und gelangen zurück zur **L 178 (Lütjenburger Straße).** Diese queren wir vorsichtig und radeln nun linksherum für 400 Meter weiter entlang des Radwegs.

Gipfelstein

Erneut markiert ein **hölzerner Notfallpfahl** mit orangerotem Kopf (Rettungsnummer 1830R13) rechter Hand die Einfahrt in eine wunderbare Waldpassage. Auf dem breiten, gut zu befahrenden Waldweg begegnen wir keiner Menschenseele und lauschen stattdessen dem Blätterrauschen, Vogelgezwitscher und dem Fahrtwind in den Ohren; für 2 Kilometer geht es gemütlich abwärts.

Zum Ende einen Schlagbaum umkurvt, verlassen wir den Forst und schwenken links in die schnurgerade Strecke **(Zum Vossberg),** die uns direkt ins Dörfchen Kasseedorf leitet.

Kaum nach rechts in die **Oldenburger Straße** abgezweigt, erblicken wir zu unserer Linken bereits das **9 Café Ehlers** mit Sonnenterrasse, welches die herzliche Inhaberin Annegret Ehlers seit 1966 führt. Längst hat sie 80 Lebensjahre überschritten und verwöhnt ihre Gäste bis heute mit selbst gebackenem Kuchen – ans Aufhören denkt die rüstige Dame noch lange nicht.

Die Oldenburger Straße ein kurzes Stückchen weiter geradelt, folgen wir rechter Hand dem Wegweiser zum 3 Kilometer entfernten ⑩ **Dorf und Gut Stendorf.** Hierzu verbleiben wir auf der **Sagauer Straße,** bis uns das denkmalgeschützte Dorfensemble empfängt. Zwar sind die Gutsverwaltung und das herrschaftliche Jagdschloss des Guts Stendorf aus dem Jahr 1877 nicht für die Öffentlichkeit zugänglich, wohl aber die historischen Reetdachkaten des Dorfs aus nächster Nähe zu betrachten. Etwa die mächtige, an der Straßenecke allein gelegene „Holländerei" – so wurde damals eine Meierei genannt – oder die „Schwarze Kate" in der nach rechts abzweigenden (einzigen) Straße. Dieser folgen wir und erspähen immer neue Details in diesem aus der Zeit gefallenen Dorfidyll.

Am Ende der Straße zweigen wir nach links in den asphaltierten Marius-Böger-Weg/Stendorf ab und fahren von hier rund 2 Kilometer durch den Wald auf die **L 57 (Am Sandfeldkrug)** zu. Dort schwenken wir rechter Hand auf den herrlich abschüssigen Radweg, welcher uns ganz automatisch zum Ufer des **Großen Eutiner Sees** führt, den wir für die nächsten 3 Kilometer genießen. Dann queren wir automatisch das Gelände der Eutiner

Alte Meierei im Dorf Stendorf

Seepavillon

Festspiele, wo wir – direkt links am Torhaus vorbei – der Beschilderung zum **Schlossgarten** folgen, in den wir über die Zufahrt direkt rechts hinter dem Gebäude gelangen. Nach Lust und Laune kurven wir durch den wunderschön angelegten Landschaftspark, durchstreifen schiebend den Küchengarten und rollen schließlich durch die imposante, 335 Meter lange **Lindenallee,** welche auf den See und den **Seepavillon** zuführt.

Linker Hand erhebt sich das vierflügelige, backsteinerne **11 Eutiner Schloss.** Der Besuch der ehemaligen Fürstenresidenz mit 850-jähriger Geschichte lohnt. Über die Seepromenade, den Rosengarten und die Königstraße gelangen wir zurück zum **Markt.** Hier lassen wir unsere Gipfeltour bei Abendsonne ausklingen.

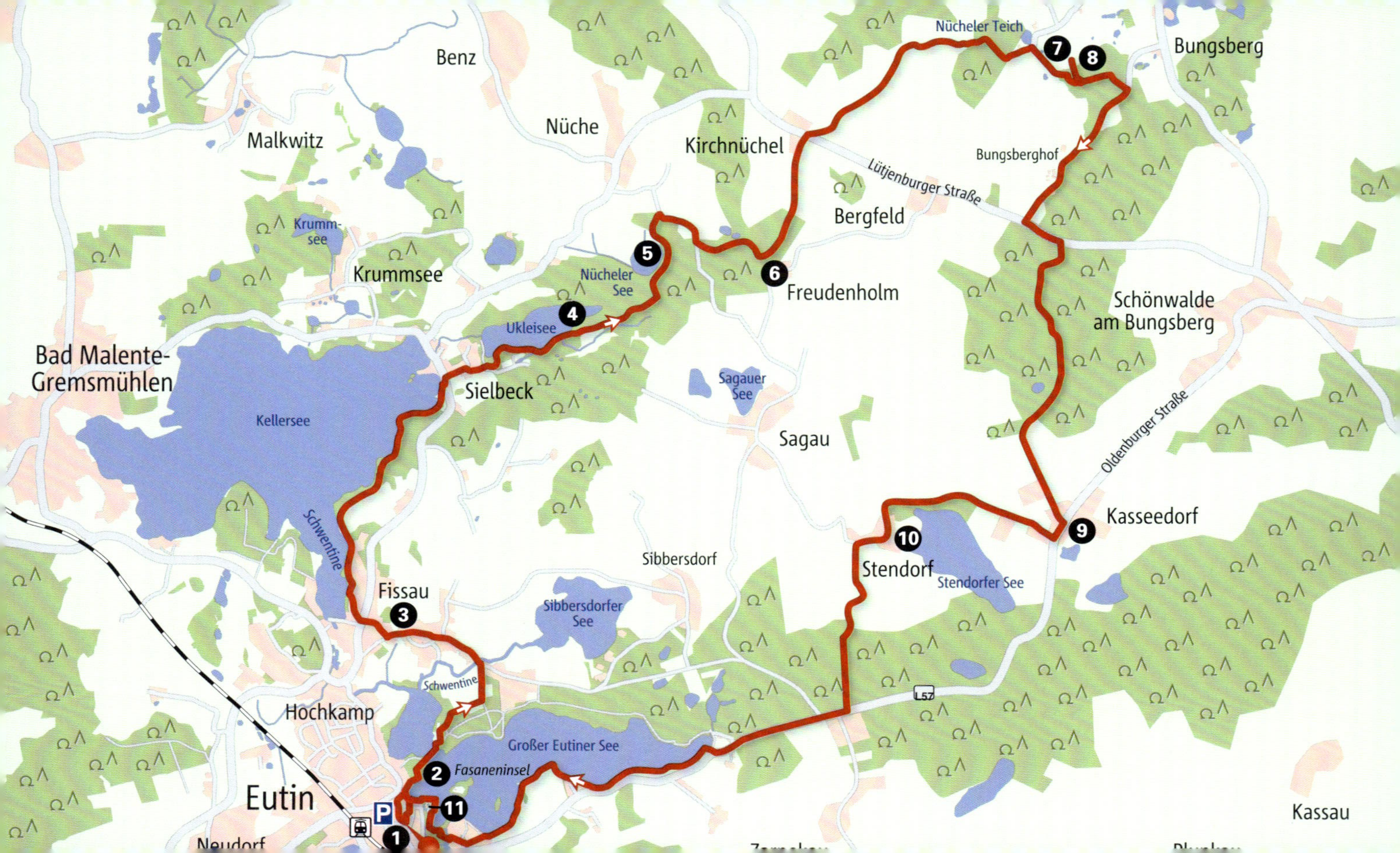
Bungsberg
Nücheler Teich
Benz
Malkwitz
Nüche
Kirchnüchel
Bungsberghof
Lütjenburger Straße
Bergfeld
Krumm-
see
Krummsee
Nücheler
See
Freudenholm
Schönwalde
am Bungsberg
Ukleisee
Bad Malente-
Gremsmühlen
Sielbeck
Sagauer
See
Kellersee
Sagau
Oldenburger Straße
Schwentine
Kasseedorf
Sibbersdorf
Stendorf
Stendorfer See
Fissau
Sibbersdorfer
See
Schwentine
L57
Hochkamp
Großer Eutiner See
Fasaneninsel
Eutin
Kassau
1
2
3
4
5
6
7
8
9
10
11

ALLES AUF EINEN BLICK

Entspannung 3/5
Abenteuer 5/5
Vielfalt 5/5

WIE & WANN

Bis Kilometer 18 vor allem schattige See- und Waldwege, streckenweise stärker geschotterte bzw. steinige Wegabschnitte, bergab ab dem Bungsberg meist asphaltierte Wege und Straßen. Bei trockenem Wetter ganzjährig gut zu fahren.

HIN & WEG

Auto: mehrere Parkplätze, etwa Am Segenhörn, Am Stadtgraben, 23701 Eutin (Sa./So. kostenlos) (GPS: 54.137003, 10.614879)
ÖPNV: Regionalbahn ab Kiel oder Lübeck bis Bahnhof Eutin

ESSEN & ENTSPANNEN

1. **Wochenmarkt Eutin,** Marktplatz, 23701 Eutin
2. **Bootshaus Eutin,** Seepark 1, 23701 Eutin, Tel. (01 76) 20 26 68 96
3. **Gasthof Wittenburg,** Dorfstraße 41, 23701 Eutin, Tel. (0 45 21) 24 56, www.gasthauswittenburg.de
8. **Café & Restaurant 168 ü. NN,** Bungsberg 2 a, 23744 Schönwalde, Tel. (0 45 28) 9 13 88 80
9. **Café Ehlers,** Oldenburger Straße 8, 23717 Kasseedorf, Tel. (0 45 28) 2 32, www.cafe-ehlers.de

ENTDECKEN & ERLEBEN

4. **Ukleisee**
5. **Badestelle Nücheler See**
6. **Reiterhof Bökensberg,** Hof Bökensberg, 23717 Freudenholm, Tel. (01 71) 6 46 11 98, www.welshcob-gerling.de
7. **Bungsberg mit Fernmelde- und Elisabethturm** (kein Aufzug)
10. **Dorf und Gut Stendorf,** Stendorf 3, 23717 Kasseedorf
11. **Eutiner Schloss,** Schlossplatz 5, 23701 Eutin, Tel. (0 45 21) 7 09 50, www.schloss-eutin.de

and Sail.
Cape Town
BALI
BAYERN

Süß & salzig

Von Malente an die Ostsee

Diese Ganztagestour verbindet reizvolle Gegensätze. Wir verlassen die Seenlandschaft und fahren über verträumte Dörfer, Felder, Auen und ruhige Straßen die Hügel hoch und runter. Plötzlich wird die Landschaft flacher, die Felder breiter. Am Horizont können wir das Meer sehen. Dazu starten wir am Bahnhof Malente und fahren rechts die **Bahnhofstraße** entlang. Sie bildet mit all den Läden und Gastronomiebetrieben das lebhafte Zentrum Malentes. Kurz vor Ende der Hauptgeschäftsstraße biegen wir links in die **Marktstraße** ein und fahren sie bis zum Ende. Dort biegen wir rechts ab und gleich wieder links in die **Lütjenburger Straße.** Dieser folgen wir, bis sie nach rund 200 Metern links abknickt. Achtung: An dieser Stelle fahren wir geradeaus **Richtung Sielbeck.** Die zweite Straße links biegen wir in den **Malkwitzer Weg** ein. Sofort wird es ruhiger. Nach kurzer Fahrt durch ein Wohngebiet verwandelt sich die Asphaltstraße in einen breiten Feldweg. Wir ignorieren die Abzweigungen links und rechts und bleiben auf dem Malkwitzer Weg, fahren im Zickzack durch Raps-, Weizen- und Erdbeerfelder. Am Straßenende, nach etwa 3 Kilometern, biegen wir links ab und bald darauf scharf rechts in den **Voßberg** ein. Es geht steil aufwärts und abwärts. An den lauschigen

Kilometer: 46

Höhenmeter: 425

Stunden: 4–6

RUNDTOUR

Bio-Ziegenhof

Dorfteichen von **Malkwitz** können wir uns auf einer Bank kurz erholen und überlegen, ob wir einen kleinen Abstecher zum idyllischen ❶ **Ziegenhof im Wiesengrund** machen, der sich gegenüber auf der anderen Seite der Dorfstraße befindet.

Wir setzen unsere Fahrt fort, biegen nach den Teichen links in die **Bergstraße** ein und gelangen zur Hauptstraße, an der sich auch der Ferienhof Ingenhof befindet. Hier machen wir unsere erste und zugleich letzte kulinarische Pause bis zur Ostsee. Dazwischen gibt es zwar noch viel zu entdecken, Einkehrmöglichkeiten jedoch werden nicht mehr geboten! Mit zum **Ingenhof** gehört das ❷ **Feldcafé,** das unterm freien Himmel zwischen Pferdewiesen, Erdbeer- und Himbeerfeldern jedes Jahr aufs Neue aufgestellt wird. Auf bequemen Gartenmöbeln lassen wir uns selbst gemachte Torten, Salate oder ein köstliches Chili con Carne schmecken und probieren den Wein vom eigenen Weinberg. Die Weine sind auch beliebte Mitbringsel und können im Hofladen erstanden werden.

*Der **Bio-Ziegenhof** ist zugleich eine Nutztier-Arche seltener heimischer Tierarten. Familie Lorenzen züchtet etwa Pommersche Landschafe, Meißner Widderkaninchen und Bentheimer Schweine. Der Hof kann nach vorheriger Terminabsprache besichtigt werden.*

Wir verabschieden uns von diesem entspannenden Ort und radeln vom Hof zurück auf die wenig befahrene Landstraße. Hinter dem Feuerwehrhäuschen auf der anderen Straßenseite beginnt ein Fahrradweg, auf dem wir das hübsche Dorf Malkwitz Richtung Benz verlassen. Wir sausen durch die bäuerliche Landschaft, bis es am Waldrand entlang wieder bergauf geht und wir steil in die Pedale treten müssen. Kurz nach einem Bushaltehäuschen biegen wir scharf links ein und rollen über den **Schloßberg** ins 90-Seelen-Dorf ❸ **Söhren** ein. Wir überqueren den Bach **Söhrener Au** und halten kurz inne. Das Rundangerdorf mit seinen

*Rund um den Ingenhof baut Familie Engel einen der nördlichsten **Weine** Deutschlands an. Die frühreifenden Trauben sind dem Klima Schleswig-Holsteins angepasst und kommen mit weniger Sonne aus. Insbesondere der Weißwein Solaris ist durchaus bekömmlich.*

alten Katen und Gehöften liegt abgeschieden in einer Senke wie im Dornröschenschlaf und ist in Kreisform rund um den Weiher entstanden.

Wir biegen rechts ab, fahren bis zur Straßengabelung und entscheiden uns für den rechten Feldweg, der uns an Waldstücken, Kuhwiesen und Feldern entlangleitet. Die Landschaft strahlt einen tiefen Frieden aus. Ganz selten begegnen wir auf diesem Streckenabschnitt anderen Menschen. Am Ende des Feldwegs biegen wir rechts ab **Richtung Flehm.** Am Wegesrand befindet sich ein **Hügelgrab,** auf das wir einen Blick werfen können. An der nächsten T-Kreuzung kehren wir links in den **Rührsberger Weg** ein, der schließlich in eine Landstraße mündet. Dort biegen wir links ab, fahren etwa 100 Meter, um dann die

Für die Seele

Die Weite des Meeres trifft auf bäuerliche Auen-Hügellandschaft.

Feldcafé

Söhren

Landstraße rechts gleich wieder zu verlassen. Wir radeln auf eine prächtige alte Allee zu und nähern uns dem barocken **4 Gut Kletkamp,** das auch dem angrenzenden Dorf seinen Namen gab. Es lohnt sich, die Fahrräder abzustellen und die Schönheit der Umgebung wahrzunehmen. Enten watscheln über die Straße auf dem Weg von einem zum anderen Teich. Alte Fachwerkhäuser mit geschmackvollen Gärten verwöhnen die Augen. Die herrschaftliche Auffahrt gibt den Blick auf den weißen Gutshof preis, der sich in Privatbesitz befindet.

Gut Kletkamp

Wir verlassen die vornehme Ansiedlung über die Straße **Kletkamp**, die zunächst einen großen Bogen zieht und dann scharf links abknickt. Nach kurzer Fahrt biegen wir rechts ab und radeln rund 2 Kilometer, bis wir auf die **Lindenstraße** gelangen und dort links abbiegen. Wir durchfahren die Ortschaft **Rathlau** und spüren, dass wir in andere Gefilde kommen. Das herausfordernde „Hügel hoch, Hügel runter" lässt deutlich nach. Allerdings weicht auch der Charme der stillen Dörfer und Auen. Wir nähern uns dem Dorf **Kaköhl** und können die Ostsee schon förmlich riechen. Am Ortsausgang fahren wir über die Bundesstraße 202 auf die andere Straßenseite, wo wir der Landstraße **Richtung Sehlendorf** folgen. Wir biegen rechts ab in die **Strandstraße.** Das Meer ist bereits zu sehen und auch der **5 Sehlendorfer Binnensee.**

Am Ende der Strandstraße empfangen uns Strandbuden mit frischem Fisch, lange Sandstrände, Wellen und Wasser. Wir parken unsere Fahrräder und machen ausgiebig Pause. Die nächsten 2 bis 3 Stunden verbringen wir vielleicht in einem Strandkorb, schauen

*Durch das **Naturschutzgebiet** am Meer führt ein Wanderweg. Im Ostsee-Brackwasser gedeihen salzliebende Pflanzen. Von den Holzplateaus kann man auch seltene Vogelarten beobachten. Natur lässt sich hier hautnah erleben.*

aufs Meer und lassen die Seele baumeln. Bevor es wieder losgeht, können wir uns im glasklaren Wasser erfrischen und ordern in der ❻ **Fischbar** ein üppiges Fischbrötchen auf die Hand. Oder wir stärken uns mit Fish and Chips im ❼ **Dat Dünenhuus.**

Für den Rückweg wählen wir eine Route, die weniger herausfordernd ist und dennoch interessante neue Eindrücke bietet. Zunächst jedoch machen wir Strecke und fahren zurück über die **Strandstraße,** immer geradeaus, bis sie in die **Seestraße** übergeht. An der Bundesstraße 202 biegen wir links ab und verlassen sie kurze Zeit später rechts Richtung Blekendorf. Der Landstraße folgen wir für rund 4,5 Kilometer auf dem Fahrradweg, durchfahren die unspektakulären Dörfer Blekendorf und Högsdorf. Hinter dem Ortsausgang von Högsdorf befinden wir uns auf der **Gowenser Straße.** Von dort nehmen wir die erste Linksabbiegemöglichkeit und kommen auf den sehr urigen Weg **Stubenkoppel.** Obwohl es sich um eine offizielle Straße handelt, sind nur zwei Spurstreifen betoniert. Dazwischen grünt es. Die verwunschene Straße windet sich durch eine Auenlandschaft mit vielen Knicks, also Baumhecken, die Winde mindern sollen und Tieren Unterschlupf bieten. Bald gelangen wir an eine T-Kreuzung, die uns bekannt vorkommen sollte. Den Verweis zum **Hügelgrab** kennen wir bereits und biegen rechts in den landwirtschaftlichen Weg Richtung Söhren ein. Wir gelangen in die Dorfmitte des 90-Seelen-Ortes und könnten den Rückweg, so wie wir gekommen sind, über den Schloßberg nehmen. Stattdessen orientieren wir uns **Richtung Neukirchen,** wo uns ein sandig-holpriger Feld-

Dat Dünenhuus

weg hinführt. Wieder einmal staunen wir über die gut erhaltenen Fachwerkkaten am Ortsausgang. Nach rund 3,5 Kilometern stiller Fahrt durch das hüglige Land biegen wir links auf den **Gowenser Weg** ab. Am Ende biegen wir erneut links ab und befinden uns mitten im Dorf Neukirchen. Im **Neukirchener See** können wir uns das Salzwasser von der Haut waschen. Die offizielle Badestelle befindet sich auf der anderen Seeseite und ist kostenlos jederzeit zugänglich. Die **8 St.-Johannis-Kirche** aus dem 12. Jahrhundert bildet das Zentrum des Dorfes und ist einen Besuch wert. Der romanische Bau liegt am Mönchsweg, einem Radfernweg, der über 1000 Kilometer dem Weg der Mönche folgt, die das Christentum einst in den Norden bringen wollten.

Wir fahren die Hauptstraße **Richtung Sieversdorf** weiter. Autos, Traktoren und Zweiräder teilen sich die schmale Fahrbahn, bis wir hinter dem Ortsende links in den ruhigen Pappelweg einbiegen können. Er mündet in Sieversdorf.

Die letzten Kilometer liegen vor uns und führen am Ortsende über einen Radweg, der allerdings abrupt aufhört, geradewegs nach **Malente.** Am Ende der Lütjenburger Straße biegen wir rechts ab. Wenn die Malenter Kirche linker Hand ins Blickfeld rückt, biegen wir kurz dahinter rechts in die Bahnhofstraße und gelangen glücklich erschöpft zu unserem Startpunkt am Bahnhof.

St.-Johannis-Kirche

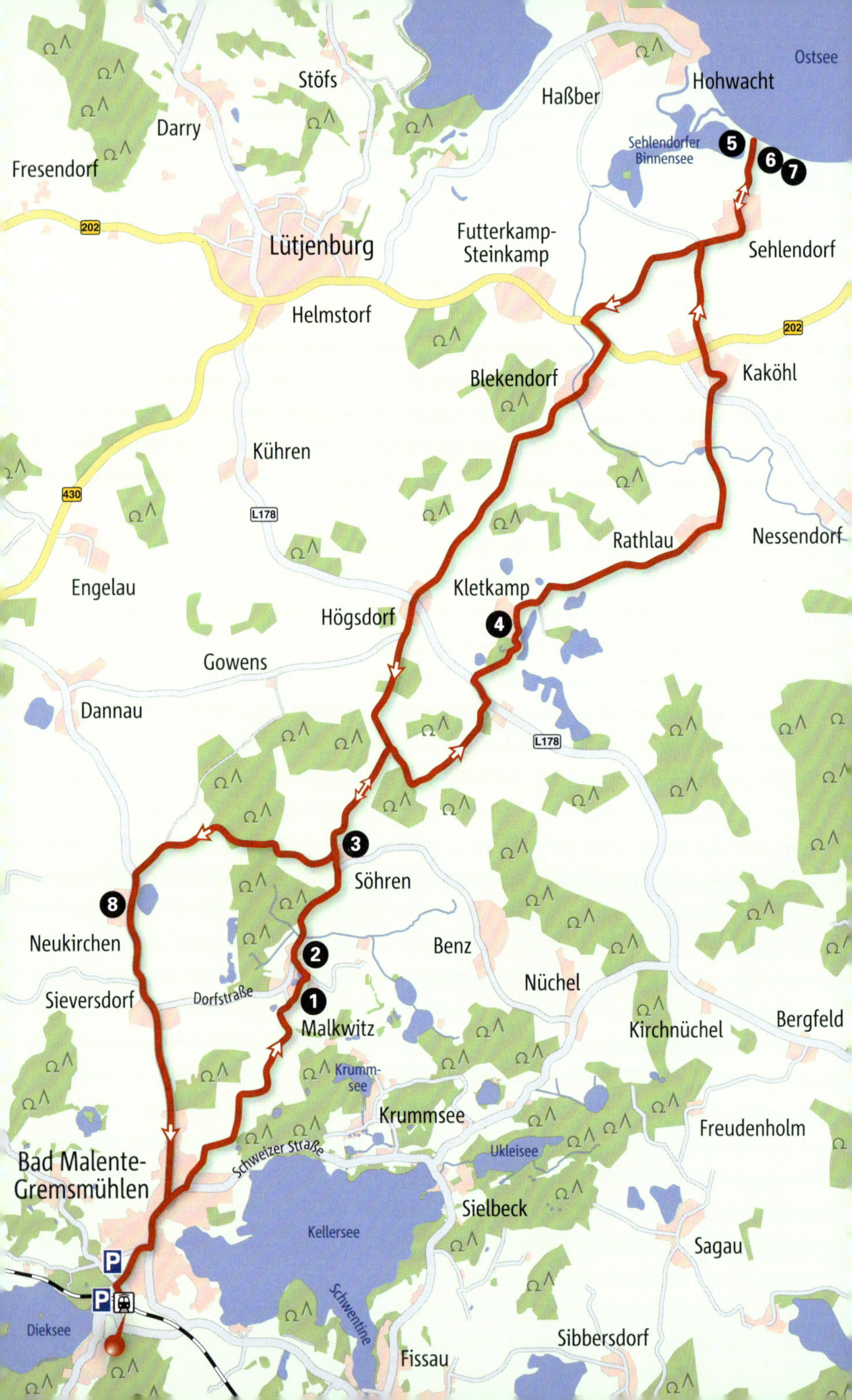

Ostsee
Hohwacht
Stöfs
Haßber
Darry
Fresendorf
Sehlendorfer Binnensee
5
6
7
202
Lütjenburg
Futterkamp-Steinkamp
Sehlendorf
Helmstorf
202
Kaköhl
Blekendorf
Kühren
430
L178
Rathlau
Nessendorf
Engelau
Kletkamp
Högsdorf
4
Gowens
Dannau
L178
3
Söhren
8
Neukirchen
2
Benz
Nüchel
Sieversdorf
Dorfstraße
1
Malkwitz
Kirchnüchel
Bergfeld
Krummsee
Krummsee
Freudenholm
Schweizer Straße
Bad Malente-Gremsmühlen
Ukleisee
Sielbeck
Kellersee
Sagau
P
P
Dieksee
Schwentine
Sibbersdorf
Fissau

ALLES AUF EINEN BLICK

Entspannung

Abenteuer

Vielfalt

WIE & WANN

Oft autofrei, einige Landstraßen mit wenig Verkehr, sehr kurze Strecken auf Bundesstraßen und viele, teils unbefestigte Feldwege. Beste Erlebniszeit von März bis Ende Oktober.

HIN & WEG

Auto: Parkplätze direkt am Bahnhof Malente oder Parkplatz Krützen an der Sebastian-Kneipp-Straße, 23714 Malente (GPS: 54.167732, 10.550687 oder 54.171597, 10.549573)

ÖPNV: Regionalbahn ab Kiel oder Lübeck bis Bahnhof Bad Malente-Gremsmühlen

ESSEN & ENTSPANNEN

1. **Ziegenhof im Wiesengrund,** Dorfstraße 42, 23714 Malente OT Malkwitz, Tel. (0 45 23) 20 00 59, www.ziegenhof-im-wiesengrund.de
2. **Feldcafé im Ingenhof,** Dorfstraße 19, 23714 Malente, Tel. (0 45 23) 20 21 59, www.ingenhof.de
6. **Fischbar,** Strandstraße 28, 24327 Blekendorf-Sehlendorf, Tel. (0 43 82) 8 48 38 12, www.fischbar-kiel.de
7. **Dat Dünenhuus,** Strandstraße 32, 24327 Blekendorf-Sehlendorf, Tel. (0 43 82) 9 26 75 10

ENTDECKEN & ERLEBEN

3. **Söhren**
4. **Gut Kletkamp**
5. **Sehlendorfer Binnensee**
8. **St.-Johannis-Kirche,** Hauptstraße 22, 23714 Malente OT Neukirchen, www.kirchengemeinde-neukirchen.de

Seehütte am Kellersee

Feines am Wasser

Rund um Kellersee und Dieksee

Wie Urlauber schätzen auch die Einheimischen ihre Seen. Deshalb gehört zum After-Work-Vergnügen eine Tour um den ein oder anderen See. Wir tun es ihnen gleich und umrunden Keller- und Dieksee. Wir starten am **Bahnhof Malente** und fahren die Bahnhofstraße hoch. Kurz darauf radeln wir an dem zauberhaften ❶ **Kurpark** vorbei, dessen Haupteingang sich an der Bahnhofstraße befindet. Gleich neben dem Kurpark am Haus des Gastes biegen wir rechts in die **Lindenallee** ein. Sie gehört zu den schönsten Straßen in der Holsteinischen Schweiz. Alte Linden und Villen im Stil der Bäderarchitektur säumen im unteren Teil die Straße. Diese führt geradewegs hinunter zum Kellersee.

Am Ende der Lindenallee erfreuen wir uns an der Weite des Sees und erahnen die vor uns liegende Strecke. Wir fahren links die **Kurpromenade** entlang, die in die Kellerseestraße mündet. Dieser folgen wir einige Hundert Meter rechts entlang bis zur Abzweigung ❷ **Seehütte/Fischbrötchen-Café.** Hier können wir unsere erste Rast einlegen. Der Name Fischbrötchen-Café ist Programm und lockt mit überwältigender Aussicht und einfachen Köstlichkeiten direkt am Wasser.

Wir setzen unsere Fahrt auf einem steilen Pfad fort, schieben unser Rad den kurzen **Wildkirschenweg** entlang und genießen das Wasser-Wiesen-Panorama. Am Ende des Pfads schwingen wir uns wieder auf den Sattel und radeln rechts die Schweizer Straße hinunter und hinauf. Kurz bevor das große, weiße, ehemalige **Hotel Holsteinische Schweiz** auf-

Ende des 19. Jahrhunderts begann dank einer neuen Eisenbahnverbindung die ***Blütezeit Malentes.*** *Städter bauten an den Seen ihre Zweitwohnsitze. Es entstanden prächtige Villen mit Erkern, Simsen, Balustraden, Veranden und Verzierungen, den typischen Elementen der Bäderarchitektur.*

Kilometer: 27

Höhenmeter: 215

Stunden: 2–3

RUNDTOUR

taucht, verlassen wir die Landstraße und rollen rechts einen holprigen Waldweg hinunter.

Immer am Ufer entlang stoßen wir nach einigen Kilometern wieder auf die Landstraße und folgen ihr rechts bis zur Ortschaft **Sielbeck.** Am Uklei-Fährhaus, welches seit einiger Zeit geschlossen ist, verlassen wir die Landstraße wieder und radeln entspannt am Kellersee entlang. Zwischen den Wäldern öffnen sich immer wieder kleine und große Badebuchten. Hier können wir unbesorgt ins Wasser springen oder eine Pause einlegen. Der sogenannte **Hamburger Strand** ist als Badestelle bei Einheimischen besonders beliebt. Dennoch begegnen wir selbst in der Hochsaison nur wenigen Menschen.

Wenn die ersten Häuser auftauchen, befinden wir uns in **Fissau,** einem schönen, ruhigen Ortsteil des Residenzstädtchens Eutin. Der größtenteils schmale Uferweg mündet in die Leonhard-Boldt-Straße, der wir rechts folgen. Am **Fissauer Fährhaus,** dessen Öffnungszeiten variieren, befindet sich der **Anleger der Kellerseerundfahrt** mit der alten MS Luise. Hier betreten wir den Bootssteg und können erahnen, dass wir bereits mehr als die Hälfte der Kellerseeumrundung geschafft haben.

Wir überqueren das Flüsschen Schwentine und folgen der kleinen, geteerten Straße immer am Wasser entlang. Auf dem **Prinzenholzweg** stehen viele eindrucksvolle Landhäuser mit Seeblick, bei deren Anblick man schnell ins Träumen gerät. Der Asphalt wandelt sich am Campingplatz Prinzenholz in einen Naturweg, der uns durch das besonders schöne **Waldgebiet Prinzenholz** führt. Es lohnt sich, zwischendurch das Fahrrad abzustellen und die kleinen Pfade entlang bis zum Wasser zu schlendern. Zwischen alten Buchen schimmert das Wasser im Gegenlicht. Am Ende des Waldwegs geht es nochmals kurz und steil bergauf, bis wir zur Hauptstraße gelangen. Wir biegen rechts ab und sehen sehr bald rechter Hand das **3 Gut Immenhof.**

Für die Seele

Am Ufer der Seen verwöhnen wir uns mit Torten und Fischbrötchen.

Kellersee

Hier erwartet uns der kulinarische Höhepunkt unserer Tour. Das jüngst aufwendig restaurierte Gut diente in den 1950er-Jahren als Filmkulisse für die populäre TV-Reihe „Ferien auf Immenhof“ und ist heute ein Vier-Sterne-Hotel mit Reithalle.

Wir unterbrechen die Tour und besichtigen die barocke Anlage mit Herrenhaus, historischen Kornspeichern und Pferdekoppeln. Auch als Nicht-Hotel-Gast können wir uns auf der Seeterrasse verwöhnen lassen und im Laden regionale Spezialitäten kaufen.

Wir verlassen diesen angenehmen Ort und setzen unseren Weg entlang der Hauptstraße bis zum Ortseingang von Malente fort. Hinter der Tankstelle über-

*Die Gastronomie auf **Gut Immenhof** in Malente ist eine große Bereicherung für die Region. Im Restaurant Melkhus wird regionale Küche serviert, im Herrenhaus frönt man dem Fine-Dining und in der Bar nebenan gibt es erstklassige Drinks.*

Restaurant Melkhus auf Gut Immenhof

queren wir die Straße. Achtung, die Autos fahren häufig sehr schnell und die Straßenlage ist wegen einer Kurve nicht gut einsehbar! Wir folgen der Eutiner Straße hinter den Bahngleisen. Wenn nach rund 1 Kilometer ein Hochhaus erscheint, überqueren wir die Straße erneut und fahren über die Kurpromenade auf den **Dieksee** zu. Der erste Teil der Route ist geschafft!

Wir radeln links auf dem Fahrradweg die Kurpromenade entlang. Sie ist nicht nur bei Menschen beliebt. Im Frühling und Sommer tummeln sich Duzende Enten und Gänse samt Nachwuchs auf der Flaniermeile. Ein befestigter, breiter Waldweg führt uns vorbei an den Spiegelteichen, die einst als Becken für die Fischzucht dienten. An der naturnahen **Kneippanlage** können wir unsere müden Beine im Wassertretbecken erfrischen oder unsere Arme ins eiskalte Tauchbecken senken. Wir radeln durch den Waldabschnitt Holm Richtung Niederkleveez. Nach einer Schafswiese mit Bienenstöcken und einigen sehr hübschen Reetdach-

Fährhaus Dieksee

BEN
chon, daß der Aal...

häusern am Ufer biegen wir rechts auf die ruhige Landstraße ab. Gleich zwei Schlemmerstationen befinden sich hier. ❹ **Fischer Schmidt** bietet Räucherfisch, der aus seinem alten Räucherofen direkt auf die Ladentheke kommt. Geöffnet ist zumeist vormittags, und wenn der alte Herr Lust hat, auch nachmittags. Nebenan im ❺ **Fährhaus Dieksee** gibt es bodenständige, regionale Kost inklusive Seeblick im großen Gastraum oder auf der Außenterrasse. Auch die 5-Seen-Fahrt legt hier mit ihren Ausflugsschiffen an.

Wir fahren durch das Dorf **Niederkleveez** und wechseln am Ortsausgang auf den Fahrradweg. Bei der ersten Möglichkeit biegen wir rechts ab **Richtung Timmdorf.** Die Wald-Wiesen-Hügellandschaft wirkt hier besonders friedlich und harmonisch und es ist geradezu beglückend, diesen Streckenabschnitt entlangzufahren. Kurz vor dem Dorf Timmdorf verengt sich die Landstraße. Eine einspurige Brücke wird zum Nadelöhr für den gesamten Verkehr. Darunter tuckern

Unterhalb der Brücke am Anleger Timmdorf befindet sich ein Picknickrastplatz mit Tisch und Bänken. Etwas weiter vorne an der stillen Bank am See lassen sich ***Vögel*** *wie Rohrdommeln, Drosselrohrsänger und Teichhühner im Schilf beobachten.*

Dieksee-Fischer Schmidt

Landgasthof Kasch

die Ausflugsschiffe der 5-Seen-Fahrt durch einen Damm vom Dieksee in den Langensee. Die Durchfahrt wurde eigens an die Größe der Motorschiffe angepasst. Ob der Kapitän die Anschlussstelle wirklich trifft, ist jedes Mal ein Nervenkitzel.

Mitten im Dorf befindet sich linker Hand der 6 **Landgasthof Kasch.** Im herrlichen Bauerngarten mit Blick auf Weiden und einen Kanal werden köstliche selbst gemachte Torten kredenzt. Eine Pause lässt sich kaum vermeiden. Die letzten Kilometer der Seeumrundung können wir gestärkt ansteuern. Denn jetzt geht es noch einmal bergauf und bergab. Kurz vor den Bahngleisen biegen wir rechts in den **Lindenweg** ein. Nach der Brücke, die die Bahnstrecke Kiel–Lübeck quert, biegen wir rechts ab und radeln auf einen Pfad parallel zur Landstraße.

An dem 7 **Aussichtspunkt** auf halber Strecke nach Malente genießen wir noch einmal den Blick auf den Dieksee und die herrlichen Felder und Wiesen des Biohofs Hafkamp. Kurz vor dem Wildpark Malente biegen wir rechts auf einen breiten Waldweg ab und lassen uns den leichten Hang bis zu den Bahngleisen abwärtsrollen. Unser Weg führt links an den Bahngleisen weiter, bis wir sie bei der ersten Brücke überqueren und gleich dahinter links unsere Fahrt fortsetzen und geradewegs durch das letzte Stück Wald in der Bucht mit dem Hauptanleger der 5-Seen-Fahrt ankommen.

Auf den Bänken können wir inmitten von Lavendelbeeten die Tour ausklingen lassen. Oder aber wir fahren die wenigen Meter bis zu unserem Ausgangspunkt am **Bahnhof Malente,** parken und besuchen den **Kurpark.** Der Eintritt ist frei und der Park so lange geöffnet, wie es hell ist. Die Beine hochlegen können wir in der Liegehalle und noch einmal über die Tour mit all den Köstlichkeiten nachsinnen.

Anleger der 5-Seen-Fahrt

Grebin
Neversfelde
Lütjenburger Straße
Krumm-see
Krummsee
Ukleisee
Sielbeck
Kellersee
Bad Malente-Gremsmühlen
Behler See
Timmdorf
Dieksee
Prinzen-holz
Schwentine
Sielbecker Landstraße
Malenter Landstraße
Fissau
Dieksееholm
Suhrer See
Niederkleveez
Plöner Straße
Oberkleveez
Kreuzfeld
Hochkamp
Eutin
Großer Eutiner See
Bösdorf
76

ALLES AUF EINEN BLICK

Entspannung

Abenteuer

Vielfalt

WIE & WANN

Oft autofrei, einige Landstraßen und viele unbefestigte Feld- und Waldwege, teils Pfade, kurzes Stück Stadtverkehr entlang der Bundesstraße. Das ganze Jahr bei trockenem Wetter befahrbar.

HIN & WEG

Auto: Parkplätze direkt am Bahnhof Malente oder Parkplatz Krützen an der Sebastian-Kneipp-Straße, 23714 Malente (GPS: 54.167732, 10.550687 oder 54.171597, 10.549573)

ÖPNV: Regionalbahn ab Kiel oder Lübeck bis Bahnhof Malente-Gremsmühlen

ESSEN & ENTSPANNEN

2 **Seehütte/Fischbrötchen-Café,** Kellerseestraße 52, 23714 Malente, Tel. (0 45 23) 98 81 78, www.fischbroetchen-cafe.de

3 **Gut Immenhof,** Rothensande 1, 23714 Malente, Tel. (0 45 23) 8 82 80, www.gut-immenhof.de

4 **Fischer Schmidt,** Am Dieksee 4, 24306 Niederkleveez

5 **Fährhaus Dieksee,** Am Dieksee 6, 24306 Niederkleveez, Tel. (0 45 23) 9 84 89 89, www.faehrhaus-dieksee.com

6 **Landgasthof Kasch,** Dorfstraße 60, 23714 Malente-Timmdorf, Tel. (0 45 23) 33 83, www.landgasthof-kasch.de

ENTDECKEN & ERLEBEN

1 **Kurpark,** Bahnhofstraße 4, 23714 Malente, www.kurpark-malente.de

7 **Aussichtspunkt mit Blick auf den Dieksee**

Herrenhaus von Gut Panker

Land & lecker

Fürstliches ab Lütjenburg

Auf dieser Tour erwarten uns zu Beginn und am Ende der Strecke allerlei Köstlichkeiten. Dazwischen gibt es keine Verpflegungsmöglichkeiten. Deshalb empfiehlt es sich, etwas zu trinken und zu naschen dabeizuhaben. Unsere Rundreise beginnt am Zentralen Omnibusbahnhof in Lütjenburg. Bevor es jedoch über Stock und Stein in die schöne Hügellandschaft geht, schauen wir uns das historische Zentrum Lütjenburgs an. Wir verlassen den Bahnhofsvorplatz am **Gildenplatz** und biegen rechts ab. Einige Meter weiter biegen wir erneut rechts ab in die Straße **Markt.** Auf der gegenüberliegenden Seite lockt der Laden **Trödelvossi** Flohmarktfans. Neben viel Nippes lassen sich hin und wieder Schätze bergen. Gleich hinter der nächsten Kurve halten wir uns rechts und radeln geradewegs auf den Marktplatz. In der Touristinfo informieren wir uns über das Städtchen mit den heimeligen Backsteinfachwerkhäusern. Das schönste und älteste Gebäude ist das reich verzierte Färberhaus von 1576. Gleich daneben befindet sich die erste kulinarische Verführung: das ❶ **Eiscafé Manuela.** Es wirkt zwar etwas aus der Zeit gefallen, überrascht jedoch mit köstlichen, selbst gemachten Schleckereien.

Marktplatz

Nach dieser Stärkung machen wir uns auf Richtung Turmhügelburg. Wir radeln rechts

Kilometer: 24

Höhenmeter: 273

Stunden: 2–3

RUNDTOUR

Feste, Märkte und Aktionen vermitteln in der rekonstruierten ***Burganlage*** *das Burg- und Ritterleben von einst. Die engagierten Vereinsmitglieder führen als Burgvolk verkleidet über das weitläufige Gelände. Mittelaltergruppen können die Burganlage anmieten.*

neben der Eisdiele auf der **Kurzen Twiete** und biegen umgehend links in die **Neuwerkstraße** ein, die in die **Posthofstraße** übergeht und uns aus dem Zentrum führt. Nach rund 400 Metern biegen wir rechts in die **Schönbergerstraße.** Am Kreisel biegen wir links in die **Panker Straße** ein, die uns aus der Stadt herausbringt. Nach knapp 1 Kilometer nehmen wir den zweiten Feldweg links und fahren geradeaus linker Hand an einem Industriegebiet vorbei, bis sehr bald liebliche Wiesen- und Wasserlandschaft erscheint und wir die **❷ Turmhügelburg** rechts entdecken. Hier lässt sich von April bis Oktober ins mittelalterliche Ritterleben eintauchen.

Nach der Turmhügelburg biegen wir links in die kleine **Landstraße Nienthal** ein und folgen ihr, fahren an Äckern und Wiesen entlang bis zum **❸ Eiszeitmuseum.** Wer mehr über die landschaftliche Entstehung der Holsteinischen Schweiz wissen möchte, erfährt über liebevoll und teils in Handarbeit angelegte Exponate

Turmhügelburg

alles über Steine und Bodenbeschaffenheit der Region. Der Besuch schärft die Sinne und wir betrachten die Steine links und rechts des Wegesrandes anschließend mit anderen Augen.

Nach dem Museumsbesuch begeben wir uns auf den Feldweg, der geradewegs vor uns liegt und orientieren uns **Richtung Fresendorf.** Einmal mehr erfreuen wir uns an der Stille und an der Schönheit der Landschaft, die sich hier mit ihren kleinen Kuppeln besonders herzöffnend zeigt. Galloways schauen uns wiederkäuend an. Wir können unser Glück kaum fassen. An einer Raststelle mit Holztisch und Bänken betrachten wir zwei Schwäne, die wie Sahnehäubchen auf dem Teich schwimmen. Dahinter teilt sich der Feldweg und wir folgen ihm links Richtung Fresendorf über eine Schotterpiste mit zwei Betonspurstreifen. Wir fahren durch einen lichten Buchenwald. Außer uns ist nur Damwild unterwegs.

Für die Seele

Wir genießen Wald und Felder und freuen uns auf kulinarisches Vergnügen.

An der nächsten Weggabelung radeln wir halb rechts den Forstweg hinunter und lassen den Grabhügel, ein archäologisches Denkmal weiter oben, außer Acht. Nach kurzer Fahrt treffen wir am Waldesrand auf ein Hinweisschild zur Ortschaft **Ölböhm.** Wir folgen dem rund 1 Kilometer langen, holprigen Feldweg. Die Ortschaft Ölböhm durchfahren wir und staunen über die hübsch angelegten Vorgärten und Reetdachhäuser. Jetzt wird es immer flacher, die Hügel der Holsteinischen Schweiz verlieren wir vorübergehend aus den Augen. Ohne Mühe radeln wir durch ein Agrargebiet, haben Gelegenheit, die Blicke schweifen zu lassen und beobachten Greifvögel am Himmel. Wir überqueren eine Landstraße und fahren auf die Ortschaft **Neuhaus** zu. Diese besteht aus einer großen Gutsanlage in typischer Backsteingotik. Der Zutritt ist leider verboten. Von hier sehen wir den Selenter See zwischen den Bäumen hervorglitzern. Wir folgen dem Weg ein kur-

*In einem **Bücherschrank** werden an frei zugänglichen Orten Bücher und andere Dinge zum kostenlosen Mitnehmen angeboten. Privatpersonen befüllen die Regale mit gut erhaltenen Gegenständen, die andere möglicherweise gebrauchen können. Ein sehr netter Sharing-Trend.*

zes Stück rechts am See entlang. Schmale Trampelpfade zwischen Bäumen und Büschen ermöglichen den Zugang zum Wasser. An der nächsten Gabelung fahren wir rechts den **Förstergang** hoch und sehen hinter Rapsfeldern den Kirchturm vom Dorf **Giekau** hervorluken. Der Förstergang trifft auf die Seestraße. Die St.-Johannes-Kirche mit dem imposanten Pfarramt rückt direkt in unser Blickfeld. Wir biegen links in die **Seestraße** ein, um sie gleich rechts wieder zu verlassen. Wir folgen den Wegweisern für Fahrradfahrer **Richtung Emkendorf** und durchfahren ein landwirtschaftliches Gebiet. An der nächsten Weggabelung biegen wir rechts in den **Emkendorfer Weg** ein und schlängeln uns durch ein Trecker-Dorfteich-Gemüsegarten-Paradies, fahren den Schlossberg rechts hoch, überqueren die

Eiszeitmuseum

Landstraße und radeln durch ein ruhiges Wohngebiet. Die kleine **Hauptstraße** mündet in den **Hessensteiner Weg.** Dort machen wir bei den Dorfteichen eine kurze Rast und schauen, was es Schönes im Bücherschrank zum Mitnehmen gibt.

Aussichtsturm Hessenstein

Wir setzen unsere Fahrt auf dem Hessensteiner Weg Richtung Panker fort. Die Landstraße ist hier so eng, dass wir unbedingt auf den Fahrradweg ausweichen sollten. Die Landschaft verändert sich, es wird wieder waldiger und es geht einen Hügel hoch. Oben angekommen werden wir belohnt mit einem Blick auf die Ostsee in weiter Ferne. Wir können sie förmlich riechen und der Wind auf der Kuppel weht ein bisschen kälter. Rechter Hand ist unser Etappenziel bereits zu sehen: der ❹ **Aussichtsturm Hessenstein.** Um ihn zu erreichen, biegen wir rechts auf eine breite Schotterpiste ab, die steil bergauf geradewegs auf den Turm zuführt.

Zu Füßen des Turms liegt das wunderschöne ❺ **Restaurant Forsthaus Hessenstein.** Auf der Terrasse oder in einem der gemütlichen Gasträume wird Holsteinische Kost mit Raffinesse serviert. Es lohnt sich durchaus, die Radtour mit den Öffnungszeiten des Restaurants abzustimmen und vorher zu reservieren. Auf dem abgeschiedenen Hügel scheint die Welt noch in Ordnung und wir können uns entspannt dem Genuss hingeben.

Ganz beseelt rollen wir die Schotterpiste wieder hinunter und biegen rechts auf den Fahrradweg ab, radeln entlang der Wälder des Hauses Hessen, also der einstigen Fürsten und Herzöge von Hessen. Nach rund 200 Metern überqueren wir die Landstraße und biegen in den Forstweg **Richtung Panker/Ruheforst** ein.

*Der **Aussichtsturm Hessenstein** ist jederzeit frei zugänglich. Wer hinauf möchte, zahlt am Automaten einen kleinen Obolus. Nach 111 Stufen durch das gewundene Treppenhaus schaut man zwischen Zinnen auf die sagenhafte Meer-, Seen- und Hügellandschaft Ostholsteins.*

*Das mittelalterliche **Gut Panker** wurde 1739 vom schwedischen König Friedrich aus dem Haus Hessen zur Versorgung seiner unehelichen Söhne gekauft. Auch heute gehört es derer zu Hessen. Weite Teile der Anlage mit Shops und Gastronomie stehen auch Besuchern offen.*

Mit ein wenig Glück läuft uns eine Herde weißen Damwilds über den Weg. Die Hirsche wurden einst zum fürstlichen Vergnügen gezüchtet und wirken auch heute noch wie Fabelwesen. Wir überqueren eine schnell befahrene Landstraße und radeln auf das traumhaft weiße Gebäudeensemble ❻ **Gut Panker** zu. Es liegt geschützt in einer Senke und alles hier erscheint wie gerade erst frisch herausgeputzt. Das prächtige weiße Herrenhaus, umgeben von Pferdekoppeln, ist nicht zugänglich. In den anderen zahlreichen Gutsgebäuden sind Galerien, Kunsthandwerkerläden und Übernachtungsmöglichkeiten geschaffen worden. Wir parken unsere Räder und lustwandeln durch das feine Dorf, schauen hier und dort hinein. In der ❼ **Ole Liese**

Forsthaus Hessenstein

Wirtschaft erfreuen wir uns an selbst gebackenem Kuchen oder edlen Spezialitäten der Region. Dazu gibt es Wein vom eigenen Gut. Erfüllt von so viel Gastlichkeit schwingen wir uns auf unsere Räder und sagen diesem Ort der Schönheit und des Friedens bye-bye.

Ole Liese Wirtschaft

Es geht zurück zur Landstraße, wo wir links abbiegen und auf dem Fahrradweg Richtung **Darry** einige Kilometer fahren. Wir durchkreuzen die Ortschaft Richtung Lütjenburg. An der Abzweigung, wo rechts die Turmhügelburg ausgewiesen ist, biegen wir kurze Zeit später links auf einen Landwirtschaftsweg ab, folgen ihm, bis die ersten Häuser Lütjenburgs zu sehen sind. Dann biegen wir links ab und fahren den **Waldweg** hinunter, bis er auf den **Eetzweg** trifft, dem wir rechts folgen. Nach dem SOS-Kinderdorf biegen wir die dritte Straße ab und fahren über den **Finkenrehm,** bis dieser wiederum in der **Neverstorfer Straße** endet, die wir rechts hinunterfahren bis zur nächsten Kreuzung. Dort biegen wir links auf die Straße **Gieschenhagen.** An ihrem Ende biegen wir rechts ab auf die **Oldenburger Straße.** Jetzt können wir bereits unseren Touranfang sehen. Den **ZOB Lütjenburg** erreichen wir über den Gildenplatz. Satt und höchst zufrieden blicken wir zurück auf eine stille Tour voller Naturerlebnisse und ein fürstliches Ende.

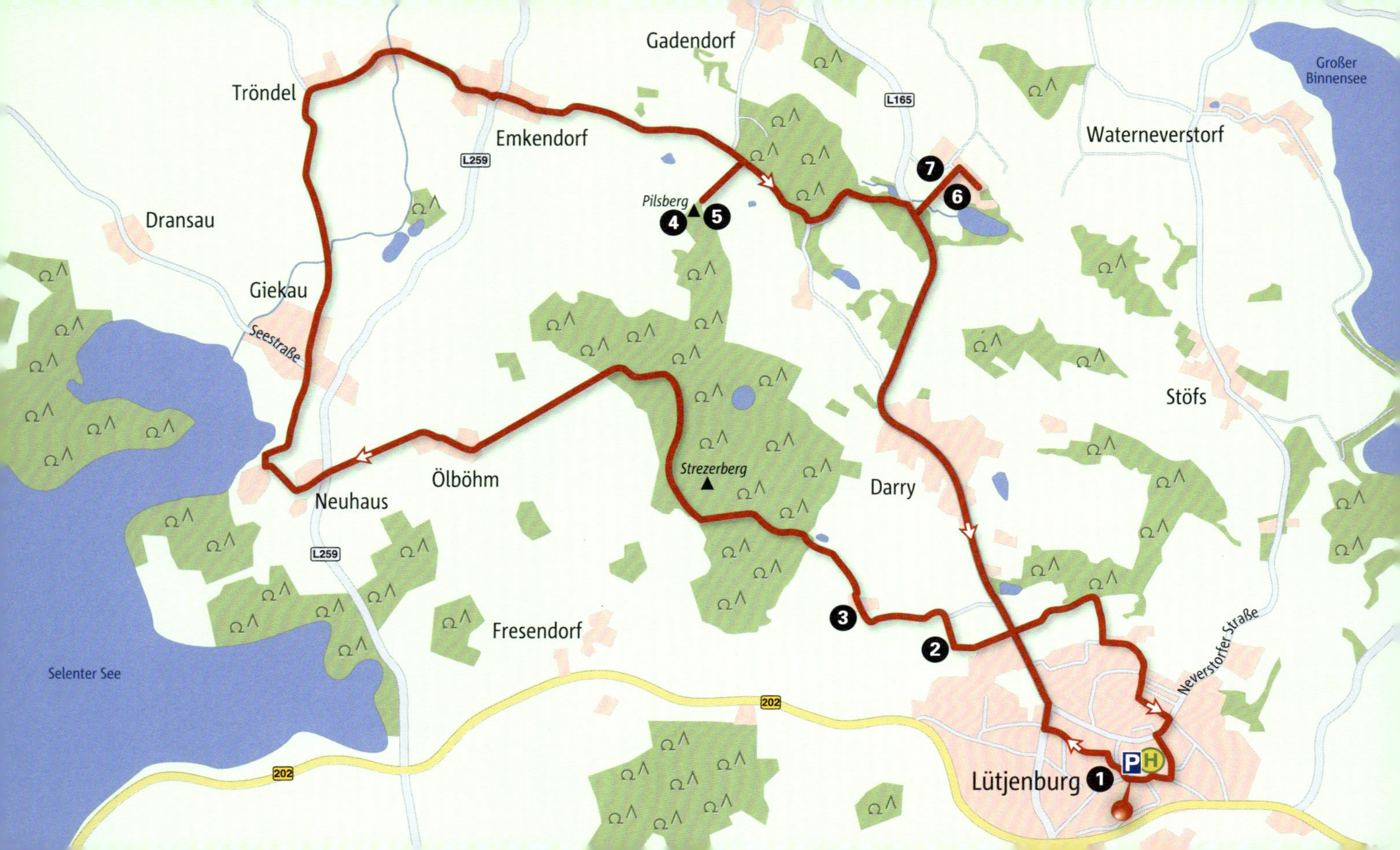

Gadendorf
L165
Großer Binnensee
Tröndel
Emkendorf
Waterneverstorf
L259
7
6
Pilsberg
4
5
Dransau
Giekau
Seestraße
Stöfs
Strezerberg
Ölböhm
Darry
Neuhaus
L259
3
Fresendorf
2
Neverstorfer Straße
Selenter See
202
202
P
H
Lütjenburg
1

ALLES AUF EINEN BLICK

Entspannung 🚲🚲🚲🚲🚲

Abenteuer 🚲🚲🚲

Vielfalt 🚲🚲🚲🚲

WIE & WANN

Oft autofrei, einige Landstraßenabschnitte mit wenig Verkehr, viele Landwirtschafts- und Waldwege, teilweise unbefestigt. Beste Erlebniszeit von April bis Ende Oktober.

HIN & WEG

Auto: Parkplätze direkt am Zentralen Omnibusbahnhof Lütjenburg, 24321 Lütjenburg (GPS: 54.292695, 10.593665)

ÖPNV: direkte Busverbindungen ab Plön oder Kiel bis Zentraler Omnibusbahnhof Lütjenburg

ESSEN & ENTSPANNEN

1. **Eiscafé Manuela,** Markt 11, 24321 Lütjenburg, Tel. (0 43 81) 69 75
5. **Restaurant Forsthaus Hessenstein,** Hessensteiner Weg, 24321 Panker, Tel. (0 43 81) 94 16, www.forsthaus-hessenstein.com
7. **Ole Liese Wirtschaft,** Gut Panker, 24321 Panker, Tel. (0 43 81) 9 06 90

ENTDECKEN & ERLEBEN

2. **Turmhügelburg,** Nienthal 10, 24321 Lütjenburg, Tel. (01 62) 4 23 81 67, www.turmhuegelburg.de
3. **Eiszeitmuseum,** Nienthal 7, 24321 Lütjenburg, Tel (0 43 81) 41 52 10, www.eiszeitmuseum.de
4. **Aussichtsturm Hessenstein,** Hessensteiner Weg, 24321 Panker
6. **Gut Panker,** Gut Panker, 24321 Panker, www.aufgutpanker.de

Neustädter Stadthafen

Ostseekuss

Von Eutin ans Meer und zurück

Über Dörfer rollen wir bis ins maritime Ostseestädtchen Neustadt, genießen Fischgerichte, tanken frische Meeresluft – und erobern schließlich zwei wunderschöne historische Güter. Obendrein erwarten uns fantastische Aussichten auf die ostholsteinische Moränenlandschaft.

Wir starten an der **Touristinfo** am zentralen **Eutiner Markt.** Das bildschöne Bauensemble verlassen wir Richtung Süden auf der Peterstraße und zweigen sogleich rechts auf die Lübecker Straße ab. Nach rund 130 Metern geht es erneut rechts in die schmale Gasse **Dr.-Wittern-Gang.** Segenhörn querend, radeln wir auf eine T-Kreuzung zu, um nun der Albert-Mahlstedt-Straße nach links zu folgen. In einem leichten Rechtsbogen führt diese (im weiteren Verlauf heißt sie Lübsche Koppel) uns geradewegs zum **Kleinen Eutiner See.** Von der Lübschen Koppel folgen wir dem Rad- und Wanderweg um den See nach rechts und rollen für einen halben Kilometer den verträumten, Schatten spendenden Uferweg entlang.

Kilometer: 50

Höhenmeter: 502

Stunden: 6,5

RUNDTOUR

Bald gabelt sich der Sandweg und wir wählen den linken Pfad hinauf zu einem Rondell (Schotterstraße) in einem Wohngebiet. Diagonal kreuzend, zweigen wir nach rechts in **Am Kleinen See** ab. Wir queren die nächste Kreuzung und rollen auf dem **Braaker**

Wem der Feldweg/Singletrail ***Alter Braaker Mühlenweg*** *zu abenteuerlich erscheint, fährt auf dem Braaker Mühlenweg weiter und zweigt rechts auf den Meinsdorfer Weg ab. Auf einem Radweg geht es parallel via Eutiner Landstraße gen Süden nach Groß Meinsdorf.*

Mühlenweg weiter, bis wir nach 250 Metern rechts in **Zum Papenmoor** abzweigen. Kurz darauf treffen wir auf eine kleine Verkehrsinsel mit Baum. Hier fahren wir schräg rechts, aber geradeaus weiter – hinein in den schmalen **Alten Braaker Mühlenweg.**

Wie es der Name ahnen lässt, radeln wir auf den Spuren eines jahrhundertealten Pfades, der Eutin mit der **Braaker Wassermühle** verband. Seit 1527 rauschte und klapperte es dort, wo Schwartau und Neudorfer Graben zusammenfließen. Der dschungelartige, von Knicks und Äckern gesäumte Singletrail ist teils von Gräsern überwachsen, mal hängen Zweige im Weg, auch etwas matschig könnte es nach Regenfällen auf kurzen Passagen sein. Doch dieses kleine Abenteuer lohnt. Weit und breit weder Mensch noch Motoren, radeln wir durch eine wildromantische Kulisse und lauschen den feinen Naturklängen. Eine Brise streift sanft über die Felder und lässt das Blätterdach über uns rauschen.

Am Redingsdorfer See

Am Ende des Weges biegen wir an der T-Kreuzung auf die asphaltierte **Karl-Hamann-Straße** (ohne Radweg) ab und folgen ihr bis ins Dörfchen **Groß Meinsdorf.** Nach dem Queren der Eutiner Landstraße radeln wir auf der ebenfalls wenig befahrenen **Bockholter Straße** ins gleichnamige Dorf weiter. Dazu fahren wir für gut 2 Kilometer entspannt entlang auf- und abschwellender Felder und zweigen am Ende rechts in die Straße **Im Dorfe** ab. Kurz darauf schwenken wir linker Hand in den **Röbeler Weg** (Röbel ist ausgeschildert) und kreuzen bald die B 76, um geradeaus auf dem **Ahornweg** weiterzufahren. Diese Straße wird im Verlauf bis nach Neustadt verschiedene Namen tragen. Der von Bäumen gesäumte Radweg schlängelt sich von hier an durch eine herrlich hügelige Wiesenlandschaft. Nach **Röbel** ist alsbald Redingsdorf in Sicht. Haben wir das Ende des Dorfes erreicht, lohnt – links über die **Seestraße –** ein Abstecher zum **Redingsdorfer See.** An seinem idyllischen, von Schilf gerahmten Ufer lassen wir uns auf einer schönen Picknickbank nieder. Unter Birke und Kastanie legen wir ein kurzes Päuschen ein und genießen das friedvolle Seepanorama.

Für die Seele

Erst blicken wir weit über Land und Meer, dann radeln wir von Gut zu Gut.

Zurück im Dorf, geht es von der Seestraße links auf dem **Gömnitzer Weg** weiter. Hier endet der Radweg und der Straßenname verrät bereits das nächste Etappenziel. Es ist der buchstäbliche Höhepunkt auf unserem Weg Richtung Küste, die wir schon bald aus der Ferne erspähen können. Nach gut 300 Metern – an einer solitären Eiche samt Beschilderung nach **Gömnitz –** knickt der Gömnitzer Weg nach links ab und geht in seinem Verlauf in **Mühlenstraße** über. Wir strampeln einen ordentlichen Anstieg hinauf und haben bald das Ortseingangsschild erreicht. Hier öffnet sich bereits ein wunderschöner Rundumausblick hinaus in die eiszeitlich geschaffene Landschaft. Unser Auge darf schwelgen und schweifen und trifft östlich auf einen

Gömnitzer Turm

backsteinernen, runden Turm, der stolz auf einem Hügel thront: der ❶ **Gömnitzer Turm.** Um dorthin zu gelangen, folgen wir der leicht nach rechts abknickenden Mühlenstraße und zweigen bald erneut rechts auf die Straße **Zum Major** ab.

Nach knapp 1 Kilometer erblicken wir auf der linken Seite einige Fahrradbügel. Dort schließen auch wir die Räder an und erklimmen über eine Treppe und einen verträumten Waldpfad den 93,80 Meter hohen **Gömnitzer Berg.** Auf dem letzten kurzen Stück zum Gömnitzer Turm folgen wir dem Trampelpfad über eine Wiese – und werden schließlich mit einer der wohl prächtigsten Aussichten Ostholsteins belohnt. Rings herum wandert der Blick über das malerische Landschaftsbild und heftet sich an die azurblaue Ostsee. Mehrere Bänke laden zum Verweilen und Genießen ein. Doch die Aussicht ist noch steigerungsfähig: Die schmale Wendeltreppe im Turminneren entführt uns in noch höhere Sphären – ein einmaliges Fotomotiv.

Ein letzter Blick – und wir traben Pfad und Stufen hinab zu unseren Rädern, welche uns nun in maritime Gefilde tragen werden. Dazu radeln wir weiter auf **Zum Major** und biegen danach auf die wenig befahrene **Neustädter Straße** ab. Auf knapp 3 Kilometern – vorbei am Dörfchen **Roge –** frönen wir dem Radelgenuss. Zum Ende lockt eine herrlich abschüssige Passage. Ist der Kreisel der Eutiner Straße erreicht, nehmen wir die dritte Ausfahrt und fahren auf dem Radweg weiter. Er leitet uns geradewegs in das 1,3 Kilometer entfernte Herz **Neustadts.** Dieses schlägt im ❷ **Neustädter Stadthafen,** gespickt mit Jachten, historischen Seglern und kleinen Motorbooten. Möwen gleiten kreischend um weiße Segel und hölzerne Masten. Die Atmosphäre erinnert an bretonische Küstenstädtchen. Eine frische Ostseebrise liegt in der Luft und mischt sich mit Aromen, die aus Restaurantküchen entlang der Promenade wabern. Auf diese biegen wir scharf rechts nach der Brückenquerung ab. Denn nach 23 Kilometern haben

Praktisch: Gleich zu Beginn der Straße Zum Major in Gömnitz steht neben einer Picknickbank eine ***„Regio-Box“.*** *Der überdachte Automat ist bestückt mit Erfrischungsgetränken, Snacks und sogar frischen Eiern aus der Region. Bezahlen kann man mit Scheinen, Münzen oder per Karte.*

Der etwa 9 Meter hohe Rundturm ***Gömnitzer Turm*** *aus dem Jahr 1828 steht unter Denkmalschutz und diente Seeleuten einst als wichtige Landmarke. Zuvor hat diese Funktion der legendäre „Major“ erfüllt – eine große Buche, die einst hier stand, doch einem Sturm im Jahr 1815 nicht standhalten konnte.*

wir uns ein köstliches Mittagessen redlich verdient und nehmen Platz auf der Terrasse von ❸ **Klüver´s Brauhaus** direkt an der Waterkant.

Bereits im Namen steckt die Besonderheit des Gastronomiebetriebs. Nicht nur Hering-, Schollen- oder Matjesvariationen stehen auf der Speisekarte. Wer einen Blick ins Restaurant wirft, stößt sofort auf bauchige Braukessel. Seit 2012 kreieren und brauen die Klüvers als Familienbetrieb eigene, ausgefallene Biersorten. Vom „Heimat"-Bier über Rotbier bis zum „Röker", das durch Buchenholz eine rauchige Note erhält, können neun verschiedene Sorten gekostet werden. Zum leckeren Ostseedorsch gönnen wir uns ein erfrischendes „Heimat"-Bierchen.

Entlang des Neustädter Hafens und des Binnenwassers zieht sich der sogenannte ***Neustädter Kunst-Kilometer.*** *Wechselnde Künstlerinnen und Künstler präsentieren ihre Installationen und Skulpturen direkt entlang der Wasserkante. Informationen zu aktuellen Ausstellungen findet man online.*

Schließlich wollen wir noch einen Blick auf die Ostsee erhaschen und Strandsand unter den Füßen spüren. Auf dem schönen **Radweg Oberer Jungfernstieg** erreichen wir den Strand am Baltischen Meer in 1,5 Kilometern und nehmen einige tiefe Atemzüge der salzig-frischen Seeluft, bevor wir uns auf den Weg zum nächsten Highlight der Tour aufschwingen, dem Kultur Gut Hasselburg.

Dazu radeln wir zurück entlang des fördeartigen Hafens und verlassen Neustadt nordwärts. Vorbei am Klüver's kreuzen wir die Brücke und radeln weiter geradeaus. Das ④ **Ristorante Vicino** passierend, öffnet sich linker Hand nun das **Neustädter Binnenwasser,** an welchem ein schöner, rund 1 Kilometer langer Radweg direkt entlang der Wasserkante des Naturschutzgebietes führt. Danach knickt der Weg nach rechts ab und leitet uns auf den **Kremper Weg** (T-Kreuzung). Hier steuern wir nach links und verbleiben für 2,5 Kilometer auf dem Radweg in **Richtung Altenkrempe.** Auf dem Weg dorthin queren wir die A 1 über eine Brücke und überblicken eine grüne Feld- und Wiesenlandschaft.

Ostseestrand in Neustadt

Während wir das beschauliche Dorf Altenkrempe durchradeln – hier wird der Kremper Weg zur Milchstraße –, lohnt ein Stopp an der backsteinernen, dreischiffigen **Basilika Altenkrempe,** deren Bau vermutlich bereits im 13. Jahrhundert begann.

Anschließend fahren wir auf der Milchstraße nordwärts aus dem Dorf heraus, überqueren bald die **Bahngleise** und zweigen bei nächster Gelegenheit nach links in die **Allee** ab. Diese führt geradewegs auf das ausgeschilderte **5 Kultur Gut Hasselburg** zu. Seit der aufwendigen Restaurierung durch die Stahlberg Stiftung dürfen sich Besucher an zahlreichen musikalischen Darbietungen erfreuen. Ob klassisches Konzert, Musical oder musikalische Lesungen für die ganze Familie – in der historischen, reetgedeckten Konzertscheune (mit Fußbodenheizung!) klingt und tönt es das ganze Jahr hindurch. Außerdem beherbergt das Kultur Gut Hasselburg regelmäßig Musikstudenten und Nachwuchskünstler, denen man bei den Proben zuhören und die man persönlich kennenlernen kann. Es ist ein Fest, das herrschaftliche Gutsgelände samt angrenzender Wiesen zu durchstreifen und erkunden. Diese Zeit nehmen wir uns.

Kultur Gut Hasselburg

Gut Sierhagen

Wir verlassen das weitläufige Gut auf der gegenüberliegenden Seite in westliche Richtung und zweigen links auf den asphaltierten Weg **Sandfeld** ab. Im Sommer wunderbar schattig, schlängelt sich die kaum befahrene Straße durch ein Waldgebiet und lotst uns direkt zum **6 Gut Sierhagen** sowie zu dem südlich angrenzenden **7 Palmenhaus Café** an der Gutsgärtnerei, welches wir zuerst ansteuern. Dazu queren wir den Jarkauer Weg und gelangen so zum nördlichen Eingang. Noch bevor die unwiderstehliche Kuchenschlacht beginnt, flanieren wir durch den idyllischen Garten, in dem es üppig blüht, sprießt und herrlich duftet. Auch Skulpturen spicken das Kleinod. Wir ergattern ein perfektes Terrassenplätzchen und verputzen ein köstliches Stück Erdbeertorte. Hier darf die Seele baumeln – und die Radlerwaden entspannen.

Wir nehmen Abschied von der traumhaften Wohlfühloase und fahren linker Hand **Richtung Heidberg** weiter, um so zur Einfahrt des Guts Sierhagen zu gelangen. Schlendernd erkunden wir den Hof, erhaschen einen Blick auf das Herrenhaus und träumen uns zurück ins 17. Jahrhundert, als das Gut samt Orangerie seine kulturelle Blüte erlebte.

Palmenhaus Café

Zurück auf Heidberg, geht es weiter westwärts. Der Weg mäandriert entlang eines Waldstücks und vorbei an Feldern, bis wir **Plunkau** erreichen und der Heidberg in den **Griebeler Holzkatenweg** übergeht. In einer scharfen Rechts- und schließlich Linkskurve rollen wir durchs Dorf und wieder hinein in die Feldmark. An der aufkommenden T-Kreuzung lenken wir nach rechts in die Straße **Holzkaten,** die bald **Fühlenweg** heißt. In einem lang gestreckten Linksbogen umradeln wir nun einen auffälligen Hügel, der sich linker Hand erhebt – und durch die rundlich platzierten Findlinge auf seinem Gipfel spontan an Stonehenge erinnert.

Klein Stonehenge

Großer Eutiner See

Auf verschlungenen Wegen erreichen wir das Dörfchen **Griebel.** Wir verbleiben auf der Straße namens **Altes Seeufer,** fahren automatisch eine Rechtsschleife und lassen Griebel hinter uns. Nach einer 90-Grad-Linkskurve knickt der Weg bald scharf nach rechts ab. Ab hier radeln wir gut 600 Meter geradeaus durch ein dichtes, kühlendes Waldgebiet und stoßen auf die **L 57 (Am Sandkrugfeld).** Vorsichtig queren wir die stark frequentierte Landstraße, zweigen nach links ab und radeln zunächst rund 500 Meter auf dieser weiter. Dann verschönert ein hervorragender, von Grün gesäumter **Radweg** den noch verbleibenden Weg bis zum **8 Großen Eutiner See.**

Ganz automatisch gelangen wir so auf den Uferweg direkt entlang des Sees, dem wir rund 3 Kilometer zurück nach Eutin folgen. Zum Ende führt er weg vom

Schloss Eutin

See; über einen großen Parkplatz fahren wir auf das historische **Torhaus Eutin** (links) zu, um sogleich nach rechts abzubiegen, vorbei an der **Opernscheune.** Dieses Areal ist der Austragungsort der sommerlichen Eutiner Festspiele samt einzigartiger Seebühne.

Linker Hand öffnet sich eine Zufahrt in den **9 Schlossgarten am Schloss Eutin,** einem der wohl schönsten klassischen Landschaftsgärten Schleswig-Holsteins. Im Herzen des mit Tempel, Statuen und verzierten Brücken gespickten Residenzgartens liegt der von alten Mauern umgebene Küchengarten. Diesen durchstreifen wir nach Herzenslust und verlassen ihn schließlich südwärts, um im Rechtsbogen weiter durch den großzügigen Schlossgarten zu radeln. Wir folgen den Pfaden nordwärts, fahren bald entlang des Seeufers, machen am **Seepavillon („Liebestempel")** Halt und radeln bald weiter zur **Seepromenade**. Um zurück zum Markt zu gelangen, zweigen wir links in die Wasserstraße ein und umfahren die **St.-Michaelis-Kirche.** Die Terrasse des **10 Bistros Stumpfes Eck** erwartet uns bereits. Hier genießen wir zum Ausklang bei schönster Abendsonne herzhafte Tapas und ein kühles Getränk.

Bistro Stumpfes Eck

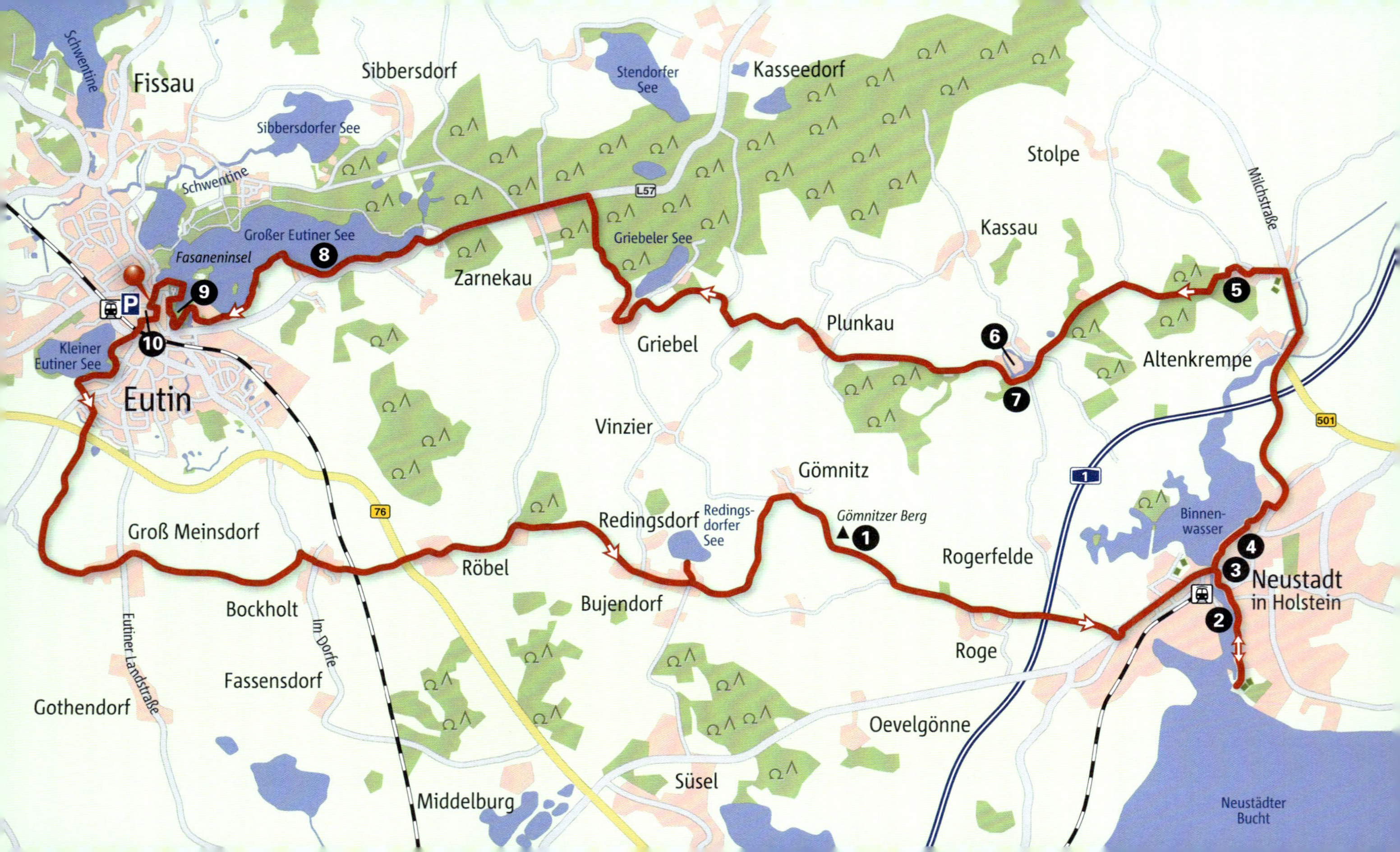

Fissau
Sibbersdorf
Kasseedorf
Stendorfer See
Sibbersdorfer See
Schwentine
Stolpe
Kassau
Milchstraße
Großer Eutiner See
Fasaneninsel
Griebeler See
Zarnekau
Griebel
Plunkau
Altenkrempe
Kleiner Eutiner See
Eutin
Vinzier
Gömnitz
Gömnitzer Berg
Redingsdorf
Redingsdorfer See
Groß Meinsdorf
Röbel
Rogerfelde
Binnenwasser
Neustadt in Holstein
Bockholt
Bujendorf
Im Dorfe
Eutiner Landstraße
Fassensdorf
Roge
Gothendorf
Oevelgönne
Süsel
Middelburg
Neustädter Bucht
L57
501
76
1

ALLES AUF EINEN BLICK

Entspannung

Abenteuer

Vielfalt

WIE & WANN

Überwiegend asphaltierte und wenig befahrene Straßen und Radwege, streckenweise Schotter- bzw. Sandwege, nur kurze Abschnitte mit stärkerem Autoverkehr. Ganzjährig gut befahrbar.

HIN & WEG

Auto: mehrere Parkplätze, etwa Am Segenhörn, Am Stadtgraben, 23701 Eutin (Sa./So. kostenlos) (GPS: 54.137003, 10.614879)

ÖPNV: Regionalbahn ab Kiel oder Lübeck bis Bahnhof Eutin

ESSEN & ENTSPANNEN

3 **Klüver´s Brauhaus,** Schiffbrücke 2-4, 23730 Neustadt, Tel. (0 45 61) 71 48 11, www.kluevers.com

4 **Ristorante Vicino,** Im Pagodenspeicher, Untere Querstraße 3, 23730 Neustadt, Tel. (0 45 61) 5 23 91 33, www.ristorante-vicino.de

7 **Palmenhaus Café,** Heidberg 1, 23730 Sierhagen, Tel. (0 45 61) 55 84 12, www.palmenhauscafe.de

10 **Bistro Stumpfes Eck,** Markt 18, 23701 Eutin, Tel. (0 45 21) 8 30 15 88, www.stumpfeseck-eutin.de

ENTDECKEN & ERLEBEN

1 **Gömnitzer Turm**

2 **Stadthafen Neustadt**

5 **Kultur Gut Hasselburg,** Allee 4, 23730 Altenkrempe, Tel. (0 45 61) 5 28 19 66, www.hasselburg.de

6 **Gut Sierhagen,** Schlosshof 2, 23730 Altenkrempe, Tel. (0 45 61) 43 12, www.gut-sierhagen.de

8 **Großer Eutiner See**

9 **Schlossgarten und Schloss Eutin**, Schlossplatz 5, 23701 Eutin, www.schloss-eutin.de

Naturgenuss

Schlemmertour ab Ascheberg

Die **Bahnstation Ascheberg** ist der Startpunkt dieser genussvollen Landpartie, die uns über Perdoel, Schmalensee, Stocksee und Dersau zurück an den Großen Plöner See und auf Start führen wird.

Den Bahnhof südlich verlassend, folgen wir der **Bundhorster Chaussee** nach rechts. Dabei passieren wir zu Beginn den ZOB samt Parkplatz. Die Straße (mit Radweg), die bald Glaskoppel heißt, führt uns aus Ascheberg heraus. 2 Kilometer nach dem Startpunkt zweigen wir links in die glatt asphaltierte **Preetzer Redder** Richtung Kalübbe ein und werden linker Hand zunächst begleitet von einem kleinen Forst. Bald knickt die Straße scharf nach rechts ab, heißt von hier an **Höfen** und nimmt im Verlauf noch weitere Namen an. Auf den folgenden gut 4 Kilometern rollen wir entlang von Äckern, Weiden und einsam gelegenen Gehöften, bis wir das charmante Dorf **Kalübbe** erreichen und dort auf die **Dorfstraße** treffen.

Nach rechts abgezweigt, schlängelt sie sich durch den beschaulichen Ort – und führt mit einer scharfen Linkskurve schließlich wieder aus Kalübbe hinaus. Hier wechseln wir von der Straße auf den Radweg und steuern 1,5 Kilometer fast geradeaus auf die nächste Kreuzung zu. Bald ist das erste Etappenziel erreicht. Wir folgen dazu dem grünen Hinweisschild zur **Perdoeler Mühle** und biegen

Kilometer: 34,2
Höhenmeter: 280
Stunden: 3,5
RUNDTOUR

George Glamp Café und Restaurant

erst links ab, um kurz darauf rechts in den Weg namens Perdoeler Mühle zu lenken. Eine Buchenallee flankiert den leicht abschüssigen Plattenweg, der uns in nur wenigen 100 Metern zu einem Kleinod geleitet: ein Ensemble historischer, teils reetgedeckter Gebäude rund um die historische Wassermühle an der Alten Schwentine, die hier aus dem **Belauer See** fließt. Die Mühle gehört zum Gut Perdoel, auf das wir später noch einen Blick erhaschen werden.

Für die Seele

Zwischen Weiden, Wald und malerischen Seen tanken wir frische Energie.

Als Jörg Thoke das Anwesen samt Campingplatz vor wenigen Jahren übernahm, gab er dem traditionellen Ausflugsziel ein neues Gewand und mit George Glamp auch einen neuen Namen. Auf der Terrasse des ❶ **George Glamp Café und Restaurant an der Perdoeler Mühle** genießen Gäste neben gehobener Hausmannskost wie Matjes oder Sauerfleisch mit Bratkartoffeln auch Fish & Chips oder Gemüsecurrys. In den Wintermonaten lädt das Restaurant im vormaligen Kuhstall zu Wildgerichten.

Wer immer schon mal in einem Tiny-Haus nächtigen wollte, wird im ***George Glamp*** *fündig: Es warten Tipis, hölzerne, hobbitartige Iglus und moderne, kubische Minihäuser – sogar eine Sauna direkt an der Badestelle am Belauer See gibt es. Auch Kajaks, Kanadier und E-Bikes stehen zum Verleih.*

Wir lassen uns ein herzhaftes Mittagessen munden und erkunden das idyllische Seeareal mit seinen sehenswerten Glamping-Domizilen. Gestärkt treten wir wieder in die Pedale. Zurück auf dem Weg, fahren wir links und verlassen den Mühlenhof. Nur 1,5 Kilometer trennen uns vom historischen Gut Perdoel, das bereits im Jahr 1192 urkundlich erwähnt wurde und zu den ältesten Gütern der Region zählt. Wir folgen dem idyllischen Feldweg, vorbei an der auffällig knorrigen, mächtigen ❷ **Kattholzeiche** und zweigen an der baldigen T-Kreuzung rechts ab. Gut 400 Meter sind es von hier bis zum ❸ **Gut Perdoel,** das heute als Landwirtschaftsbetrieb geführt wird – und Privatgelände ist. Dennoch lohnt der Abstecher, um einen Blick auf das wunder-

Kattholzeiche

Gut Perdoel

schön windschiefe Torhaus aus dem Jahr 1719 zu werfen. Einige Erinnerungsfotos später drehen wir wieder um; für etwa 600 Meter radeln wir auf der Straße namens Perdoel zurück, bis wir links in eine besonders schöne, asphaltierte Nebenstrecke abbiegen (Radwegweiser Richtung Bornhöved). Knapp 3 Kilometer rollen wir – fast geradeaus – zunächst durch eine prächtige Lindenallee, schließlich im Wechsel durch die offene Feldmark und passieren einige Waldabschnitte.

Bald tauchen linker Hand auf Höhe eines Abzweigers (Richtung Ruhwinkel) einige Radwegweiser auf. Von diesem Punkt aus folgen wir der Straße noch weitere 200 Meter geradeaus und biegen dann U-turn-artig scharf nach links in den abschüssigen **Vierer Weg** ab. Gleich zu Beginn lockt hier ein ganz besonderer Rastplatz samt Tisch und steinernen Bänken: Von diesem Hang aus öffnet die Natur ihren grünen Vorhang und gibt die schönste Kulisse auf den in der Sonne glitzernden **Schmalensee** frei – einfach malerisch. Gleich daneben erinnert ein **Findling-Gedenkstein** an spätmittelalterliche Zusammenkünfte der Holsten. Ein geschichtsträchtiger Ort zum Innehalten – und Genießen.

Um unser nächstes Etappenziel, das Dorf **Schmalensee,** zu erreichen, folgen wir dem Vierer Weg – einem mäandernden Plattenweg – für 1,5 Kilometer durch das hügelige Naturidyll. Dabei queren wir erneut die Alte Schwentine, die sich an dieser Stelle ihren Weg vom Schmalensee zum Belauer See bahnt. Bald treffen wir automatisch auf eine T-Kreuzung und schwenken nach rechts in die Belauer Straße. Schon bald tauchen die ersten Häuser Schmalensees auf und wenig später erreichen wir nach einem Anstieg die **Dorfstraße.** Wir fahren rechts, um nach nur 100 Metern erneut rechts (am Schild „Löschwasserentnahmestelle“) einen abschüssigen Weg zum See hinabzuradeln. Dort schieben wir, den **Schmalensee** entlangflanierend. Wellen schwappen an raschelnde Ufer, während ein Wolkenspiel über

*Wie ein uriger Riese wirkt die mindestens 500 Jahre alte, eindrucksvolle **Kattholzeiche** nahe der Perdoeler Mühle. Als Naturdenkmal – mit 13 Meter Umfang als dickste Eiche Deutschlands gehandelt – hütet sie die Geheimnisse vergangener Jahrhunderte.*

*„Hier auf dem Viert bei BORNHÖVEDE tagte im Spätmittelalter die Landesversammlung der Holsten“, lauten die eingravierten Worte auf dem **Gedenkstein.** Holsteinische Ritter trafen sich hier zum sogenannten „Thing“, einer Art Gericht, um Streit zu schlichten oder neue Verträge zu schließen.*

Blick auf den Schmalensee

den aufgewühlten See hinwegzieht. Wir saugen die Weite, die herrliche Naturkulisse in uns auf und erreichen nach 300 Metern die ❹ **Badestelle** samt Steg und Rutsche.

Unverhofft finden wir uns am Ende des Uferwegs vor einer wunderschönen, mannshohen Skulptur wieder, geschliffen aus einem Muschelkalkblock. Die „Sitzende mit Kind" schuf der Bildhauer Karl Heinz Engelin bereits 1959 – heute blickt sie quer über den See hinweg auf den Ort des ehemaligen Mutterkurheims, in dem das liebevoll „Mariechen" genannte Kunstwerk zuvor beheimatet war. Es ist unter anderem dem Einsatz einer Dorfbewohnerin zu verdanken, dass die mütterlich-anrührend wirkende Skulptur aus dem Abrissschutt des alten Kurheimes gerettet wurde und hier 2009 einen neuen Ehrenplatz erhielt.

Von diesem aus radeln wir die schmale Stichstraße **Seeweg** hinauf zurück zur Dorfstraße und steuern auf den ❺ **Gasthof Voß** zu. Hier kann man ein Erfrischungsgetränk genießen oder sich an deftigen Ge-

*Durch Schmalensee verläuft der 1000 Kilometer lange Radfernweg **Mönchsweg.** Die Strecke führt von Bremen über Glückstadt, die Holsteinische Schweiz via Fehmarn bis ins dänische Roskilde. Radelnde folgen den Spuren ehemaliger Mönche. Die Route verläuft entlang vieler Klöster, Kirchen und Schlösser.*

richten wie Brathering oder Schnitzel laben. Radelnde sind in diesem Landgasthof herzlich willkommen – sogar E-Bikes können aufgeladen werden.

Nur 5 Kilometer sind es von hier aus, bis das nachste Zwischenziel erreicht ist, ein Höhepunkt für all diejenigen, die ihren Beerenhunger stillen möchten. Wir radeln auf der Dorfstraße nordwärts zurück und folgen nach weniger als 1 Kilometer dem gelben Wegweiser nach rechts Richtung Stocksee. Die **Stockseer Straße** geleitet uns geradewegs zum gleichnamigen **6 Gut Stockseehof.** Nicht nur die fast 700-jährige Geschichte des landwirtschaftlichen Gutsbetriebs ist beeindruckend. In den Sommermonaten verwandelt sich der Hof in einen duftenden Paradiesgarten, in dem reife Kirschen, Himbeeren und Heidelbeeren an Bäumen und Sträuchern baumeln. Sie können auf angrenzenden Plantagen selbst gepflückt oder in prall gefüllten Körben erworben werden. Im Juli und August locken Kaffee und Kuchen in der wunderschönen Atmosphäre des Hofparks unter Schatten spendenden Linden. Gutsgebäude umsäumen das grüne Areal. Hier lassen wir es uns einfach gut gehen und strecken Füße und Radlerwaden aus.

Skulptur „Sitzende mit Kind“

Café Gut Stockseehof

Doch dies wäre keine Schlemmertour, würde nicht bereits die nächste Verwöhnadresse auf uns warten. Dazu radeln wir die Lindenallee des Stockseehofs zurück auf die **Stockseer Straße,** biegen links auf sie ab und fahren weiter, bis wir auf die Dorfstraße treffen (T-Kreuzung). Links abgebogen, führt

Café im Grünen

uns diese zunächst durch das am gleichnamigen See gelegene Dorf Stocksee und nimmt in der Folge automatisch Kurs gen Norden **Richtung Dersau.** Auf den nächsten 3 Kilometern fahren wir entspannt auf dem Radweg, während linker Hand das Auge über Äcker und Wiesen schweift.

In Dersau angelangt, zweigen wir sogleich nach links in die erste Straße ab und folgen dem **Windmühlenkamp** (in der Folge Twiete) in einem großen Rechtsbogen durch ein Wohngebiet, bis wir mit einer T-Kreuzung auf **Redderberg** treffen. Schräg links gegenüber erheben sich die gläsernen Gewächshäuser der Landgärtnerei Kobs, in denen sich auch das wunderbare **7 Café im Grünen** versteckt. Die Betreiberin Susanne Miller-Schwarz verwöhnt ihre Gäste unter anderem mit leckersten selbst gebackenen Kuchen und Torten in Bioqualität, die in den zahlreichen grünen Sitznischen der Gartenanlage genossen werden können. An diesem idyllestrotzenden Ort schöpfen wir Energie für die letzte Etappe.

Auf den vor uns liegenden 5,5 Kilometern radeln wir entlang des malerischen Ufers am **Großen Plöner See** mit schönsten Ausblicken auf die größte blaue Oase der Holsteinischen Schweiz.

Dazu zweigen wir links auf den **Redderberg** ab, überqueren kurz darauf die Dorfstraße und radeln nun geradeaus auf dem Wanderweg weiter. Nach 300 Metern ist das Seeufer erreicht. Wir schwenken links und rollen entlang von Sandstrand und Schiffsanleger, folgen dann der scharfen Links- und wieder Rechtskurve (Sackgassenschild ignorieren), sodass wir auf dem Sandwegschlenker nach **Seebrook** und **Eichenhain** für ein Stückchen das Ufer verlassen und bald eine herrliche Waldpassage durchradeln.

Bald darauf stoßen wir auf einen Weg und die Einfahrt zum **Gut Ascheberg** (Privatgelände). Nach rechts geblickt, zieht sich eine majestätische **Lindendoppelallee** bis hinunter zum historischen **8 Schloss Ascheberg,** seit den 1970er-Jahren eine Jugendfreizeitstätte. Weil das Gut Ascheberg nicht zu durchqueren ist, radeln

Lindendoppelallee zum Gut Ascheberg

wir – nach einem Blick aufs Schloss – schräg links die Anhöhe hinauf zur **Neumünsteraner Straße (B 430).** Wir queren sie und radeln nach rechts auf dem Radweg weiter, allerdings nur für knapp 500 Meter. Dann queren wir die Neumünsteraner Straße erneut nach rechts und folgen dem grünen Schild zu unserem kulinarischen Tourenabschluss: zur traditionsreichen **9 Fischerei & Räucherei Lasner.** Zwischen einem urigen Ensemble aus Verkaufs-, Fischerei- und Räucherholzhütten nehmen wir an rustikalen Tischen und Bänken in direkter Ufernähe Platz. In dieser maritimen, lockeren Atmosphäre verputzen Besucher leckere Fischbrötchen mit wunderbarstem Weitblick über den schimmernden See. Es lohnt zudem, einen Blick auf die Altonaer Räucheröfen zu werfen. Über Erlenholz erhält der Räucherfisch hier sein feines Aroma. Wir verweilen länger an diesem wunderbaren Ort und lassen am Steg Seele und Beine baumeln. Welch ein Genuss!

Fischerei & Räucherei Lasner

Nur 2 Kilometer trennen uns noch vom Bahnhof Ascheberg. Um dorthin zu gelangen, radeln wir kurz hinter der Ausfahrt der Fischerei sogleich rechts in einen zunächst recht schmalen **Trampelpfad,** der – stets rechts gehalten – auf gut 1 Kilometer am See entlang bis zum Campingplatz und schließlich zu einem Seglerverein führt. Noch vor Letzterem fahren wir in einem Linksbogen die Anhöhe hinauf zur **B 430.** Dieser nach rechts gefolgt, zweigen wir 200 Meter später nach links in die **Bahnhofstraße** ein und befinden uns zurück auf Start.

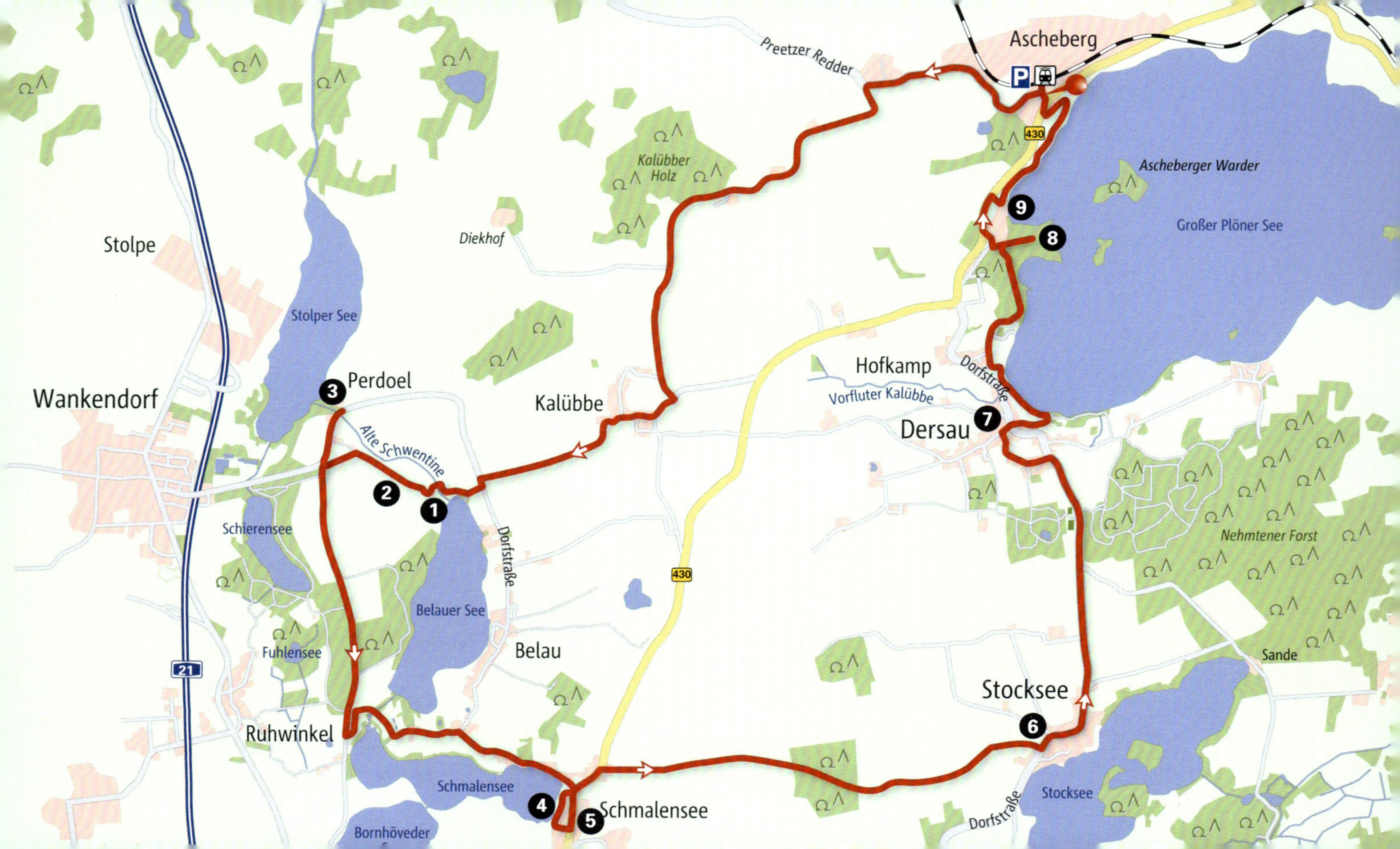
Ascheberg
Preetzer Redder
430
Ascheberger Warder
Großer Plöner See
9
8
Stolpe
Diekhof
Kalübber
Holz
Stolper See
Perdoel
3
Wankendorf
Kalübbe
Hofkamp
Dorfstraße
Vorfluter Kalübbe
7
Dersau
Alte Schwentine
2
1
Schierensee
Dorfstraße
Nehmtener Forst
430
Belauer See
Fuhlensee
21
Belau
Sande
Stocksee
6
Ruhwinkel
Schmalensee
4
5
Schmalensee
Stocksee
Dorfstraße
Bornhöveder

ALLES AUF EINEN BLICK

Entspannung

Abenteuer

Vielfalt

WIE & WANN

Fast durchweg asphaltierte Straßen und Wege, nur kurze Abschnitte auf Sandwegen oder Strecken entlang von Seen. Am schönsten zwischen Frühjahr und Herbst, jedoch ganzjährig gut befahrbar.

HIN & WEG

Auto: Parkplätze am ZOB oder in umliegenden Straßen, 24326 Ascheberg (GPS: 54.148128, 10.339388)

ÖPNV: Regionalbahn ab Plön/Lübeck oder Preetz/Kiel bis Bahnhof Ascheberg (kein Aufzug)

ESSEN & ENTSPANNEN

1 **George Glamp Café und Restaurant Perdoeler Mühle,** Perdoeler Mühle, 24601 Belau, Tel. (0 43 26) 10 67, www.george-glamp.com

5 **Gasthof Voß,** Dorfstraße 15, 24638 Schmalensee, Tel. (0 43 23) 63 04

6 **Gut Stockseehof,** Stockseehof 1, 24326 Stocksee, Tel. (0 45 26) 17 80 www.stockseehof.de

7 **Café im Grünen,** Redderberg 8, 24326 Dersau, Tel. (01 75) 7 34 01 73

9 **Fischerei & Räucherei Lasner** an der B 430 zwischen Ascheberg und Abfahrt Dersau, 24326 Ascheberg, Tel. (0 45 26) 33 98 18, www.fischereilasner.de

ENTDECKEN & ERLEBEN

2 **Kattholzeiche**

3 **Gut Perdoel**

4 **Badestelle Schmalensee**

8 **Schloss Ascheberg**

Dieksee

Die 9-Seen-Tour

Zwischen Malente und Plön

Ganz entspannt und fast ohne Anstrengung radeln wir vorbei an einigen der schönsten Seen der Holsteinischen Schweiz und sehen Pferde, jedoch kaum Menschen. Einen Blick aufs Wasser erhaschen wir beinahe von jedem Punkt der Strecke. Wir starten gleich gegenüber vom **Bahnhof Malente.** Am **Hotel Townhuus** führt ein schmaler Waldweg entlang der Bahnlinie. Zwischen den Bäumen glitzert der Dieksee. Es geht vorbei am ❶ **Wildpark Malente,** den wir am Ende der Tour noch besuchen können. Der Haupteingang liegt an der Landstraße von Malente nach Timmdorf.

*Der kostenfreie **Wildpark Malente** wird von ehrenamtlichen Vereinsmitgliedern gehegt und gepflegt. Besonders bezaubernd ist er, wenn im Frühling die Frischlinge durchs Gehege toben und das frei laufende Damwild Gemüse sogar aus der Hand futtert.*

Nach kurzer Fahrt geradeaus treffen wir auf die **Quelle der gebrochenen Herzen.**

Wer seinen Herzschmerz lindern möchte, kann dort die erste Rast einlegen und ein Schlückchen Wasser trinken. Das soll helfen. Der kleine Pfad macht bald hinter der Quelle eine scharfe Rechtskurve und mündet in die **Landstraße nach Timmdorf.** Wir biegen links ab und folgen der Landstraße am Biohof Hafkamp vorbei, bis der nächste Stopp linker Hand lockt: ein ❷ **Aussichtspunkt** mit Blick über Felder und Wälder auf den Dieksee. Die Hügellandschaft der Holsteinischen Schweiz zeigt sich hier in ihrer ganzen Pracht und Stille.

Kilometer: 23

Höhenmeter: 142

Stunden: 2–3

RUNDTOUR

Wir reißen uns los und radeln die wenig befahrene Landstraße rechts der Bahnschienen entlang, bis es kurz vor dem Bahnübergang scharf rechts **Richtung Grebin** abgeht.

Die Straße von Timmdorf nach Grebin ist mehr Feldweg als Landstraße, und es kommt nur ab und an ein Auto oder Trecker vorbei.

Wildpark Malente

Dafür sehen wir bald edle Pferde auf den Weiden stehen. An der Gabelung biegen wir links Richtung Behl/Plön ab und werfen einen Blick auf das **Gestüt Hohenschmark** und den kleinen **Schmarksee.** Wir folgen dem Landwirtschaftsweg und freuen uns über die wunderbare Natur!

Für die Seele

Die Natur liegt uns zu Füßen und wir erfahren sie mit allen Sinnen.

Am Ende des Weges stoßen wir auf einen Schilderwald. Wir wählen den Hinweis **Richtung Plön** und biegen links ab. Bereits nach etwa 1 Kilometer kreuzen wir die Ortschaft **Behl,** die eigentlich nur aus einer Handvoll Reetdachhäusern und einem stattlichen Gutshaus besteht. Wir radeln weiter, bis ein Bahnübergang kommt. Achtung: Hier verkehrt die charmante einspurige Regionalbahn zwischen Lübeck und Kiel ohne Vorwarnung. Also gut gucken und dann auf dem **Königskinderweg** ins Landschaftsschutzgebiet hinübersetzen!

Gutshof Behl

Auf dem lehmig-sandigen Feldweg geht es die Hügel rauf und runter. Für eine kleine Pause finden wir auf diesem Abschnitt zwischen Bäumen und Gebüsch einen Zugang zum **Behler See,** der besonders sauber und liebreizend ist.

Der Weg stößt schließlich auf eine Gabelung, an der es rechts Richtung Plön geht. Unbedingt rechts halten, auch wenn etwas anderes dort ausgewiesen ist! Nach einer kleinen Ansammlung von Häusern und Höfen blicken wir hinunter auf den **Schöhsee,** der über eine Badestelle verfügt. Ein geschwungener Feldweg lädt geradezu dazu ein, den Hügel hinunterzurasen.

Königskinderweg

Immer am Wasser entlang vertrauen wir den Hinweisschildern, die zum Großen Plöner See bzw. ins Zentrum

Wochenmarkt

des Städtchens Plön weisen. Kleine Falle: Nach dem Schöhsee bei der Unterführung der Bundesstraße zeigt ein Schild den Weg nach Eutin an. Tatsächlich geht es dort auch nach Plön. Also nicht beirren lassen und durch die Unterführung geradewegs auf den Großen Plöner See zufahren. Die Straße mündet am See. Ein paar Meter weiter rechts spazieren wir auf den Steg, von wo aus wir auf den Segelhafen, das **Plöner Schloss** und die Backsteinkirche im Zentrum schauen. Bevor es auf neuer Route zurück nach Malente geht, lohnt sich ein Besuch des Städtchens und des lebendigen **3 Wochenmarkts.** Der Schlenker dorthin ist perfekt ausgeschildert.

Am Steg setzen wir unsere Tour fort. Wir fahren ein Stück Asphalt die Eutiner Straße entlang in entgegengesetzter Richtung zum Zentrum. Kurz vor der lauten Bundesstraße B 76 retten wir uns scharf rechts in die beschauliche **Rosenstraße.** An deren Uferseite stehen prächtige Villen der vorletzten Jahrhundertwende. Nach einigen Hundert Metern biegen wir auf einen Wald- und Wiesenweg ein, der sich unmittelbar

*Dienstags und freitags findet in Plön von 8 bis 13 Uhr ein **Wochenmarkt** statt. Vor allem regionale Anbieter sowie Bio- und Blumenstände versammeln sich auf dem Platz vor der Kirche. Sehr zu empfehlen: ein frisch zubereitetes Fischbrötchen direkt vom Fischhändler.*

am Großen Plöner See entlangschlängelt. An der sandigen **4 Badestelle Fegetasche** springen wir, sofern es das Wetter zulässt, unerschrocken in die Fluten und staunen über die Weite des Sees. In unmittelbarer Nähe befindet sich am Seeufer eine Gaststätte mit öffentlichen Toiletten sowie eine **Minigolfanlage.** Genau dort verlassen wir die Wasserweitsicht über einen Pfad hoch Richtung B 76, der wir rechts für rund 600 Meter folgen.

Am chinesischen Restaurant überqueren wir sie und fahren in den Kieler Kamp, der durch ein ruhiges Wohngebiet führt. Hier blitzt der kleine **Edebergsee** zwischen den Bauten auf.

Kurze Zeit später geht ein Pfad rechts in den Wald ab und führt geradewegs auf den **Großen Madebrökensee** zu, der zwischen dem Laub hervorschimmert.

Wir folgen dem Weg über eine bewaldete Landzunge am **Höft- und Behlersee** und schließlich am **Langensee**

Badestelle Fegetasche

Fährhaus Dieksee

vorbei. Der Wald ist hier besonders schön, denn er bleibt weitestgehend sich selbst überlassen. Holz wird in diesem Teil des Waldes kaum geerntet, Tiere und Pflanzen können ungestört wachsen und gedeihen. Dafür sorgt die Stiftung Naturschutz Schleswig-Holstein. Auf diesem Streckenabschnitt finden wir einige reizvolle Gelegenheiten zum Picknicken, Waldbaden oder Schwimmen.

Malente hat viele **Namen,** *vor allem auf Fahrrad- und Wanderwegen. Folgende Varianten sind im Umlauf: Bad Malente, Bad Malente-Gremsmühlen, Malente sowie Gremsmühlen. Sie alle führen ans Ziel.*

Am Ende des Waldwegs, der einige Windungen und kleinere Hügel zu bieten hat, führt links eine Landstraße Richtung Timmdorf. Ihr folgen wir auf einem Radweg. Nach etwa 1 Kilometer sehen wir ein erneutes Hinweisschild „Timmdorf". Dort biegen wir nicht ab, denn wir müssten bis Malente auf der Landstraße fahren. Stattdessen folgen wir der Beschilderung **Richtung Gremsmühlen,** was nur ein anderes Wort für Malente ist.

Kurz darauf rollen wir ins Dorf Niederkleveez ein. Dort können wir im 5 **Fährhaus Dieksee** Kaffee trinken oder etwas essen. Zum Beispiel selbst gemachten Matjes nach Hausfrauenart. Nirgendwo in der Umgebung sind sie so gut wie hier. Nebenan verkauft 6 **Fischer Schmidt** leckeren Räucherfisch – geöffnet ist nach dem Zufallsprinzip, meistens vormittags. Auch die 5-Seen-Fahrt legt hier mit ihren Ausflugsschiffen an. Leider transportieren sie keine Fahrräder.

Gleich hinter dem Fährhaus biegen wir links in den Waldweg Richtung Malente. Nach den letzten schönen Reetdachhäusern am Diekseeufer tut sich eine landwirtschaftlich genutzte Wiese mit Schafen und Bienenstöcken auf. Wir fahren mitten hindurch und radeln den **Waldabschnitt Holm** immer am Dieksee entlang. Bis Malente sind es nur noch knapp 4 Kilometer. Also noch einmal tief durchatmen und die Waldluft genießen! Die riecht nicht nur gut, sondern ist auch gesundheitsfördernd. Auf halber Strecke befindet sich eine natürliche 7 **Kneippanlage** mit Wassertretbecken

Wassertretbecken

im Waldboden sowie einem Tauchbecken für die Arme direkt am See. Das ist besonders im Sommer nach einer langen Tour herrlich erfrischend.

Am Ende des Waldwegs gelangen wir auf die **Kurpromenade** am Dieksee in Malente, die sich Gäste der Kurkliniken und Urlauber mit jeder Menge Wildgänse teilen. Im Frühling grasen hier bis zu 50 Junge mit ihren Elternpaaren. Auf dem Fahrradstreifen fahren wir bis zur Brücke am einzigen Hochhaus weit und breit. Der alte Kasten hat schon mal bessere Zeiten gesehen und war einst das erste Hotel am Platz. Heute ist es in Wohnungen umgewandelt. Wir überqueren die Brücke, unter der das Flüsschen Schwentine fließt. Unser Ausgangspunkt, die **Bahnhofstraße** am Bahnhof, schiebt sich bereits ins Blickfeld. Bevor es nach Hause geht, genießen wir vielleicht noch einen Sundowner mit Seeblick auf den Terrassen der umliegenden Gaststätten und stoßen auf die gelungene Tour an.

__Bad Malente__ ist ein staatlich anerkannter Luftkurort. Kuren dienen der gesundheitlichen Vorsorge oder Rehabilitation. Hier im Ort tragen ein Kurpark, zwei Kurpromenaden und drei Kneippanlagen zur Erholung bei.

Kurpromenade Malente

Schierensee
Schluensee
Schmarksee
Rathjensdorf
Neversfelde
Grebiner Weg
Behl
Bad Malente-
Gremsmühlen
Trammer
See
430
Timmdorf
Plön
Behler See
Dieksee
Schöhsee
Langensee
Höftsee
Diekseeholm
Niederkleveez
Ede-
berg-
see
Großer
Madebröken-
see
Olsborg
Suhrer See
Kleiner
Madebröken-
see
Großer Plöner See
Plöner Straße
Oberkleveez
Kreuzfeld
76
Sandkaten
Bösdorf

ALLES AUF EINEN BLICK

Entspannung 🚲🚲🚲🚲🚲
Abenteuer 🚲🚲🚲
Vielfalt 🚲🚲🚲🚲🚲

WIE & WANN

Oft autofrei, einige Landstraßen und viele unbefestigte Feld- und Waldwege, teils Pfade, kurzes Stück Stadtverkehr entlang der Bundesstraße. Das ganze Jahr bei trockenem Wetter befahrbar.

HIN & WEG

Auto: Parkplätze direkt am Bahnhof Malente oder Parkplatz Krützen an der Sebastian-Kneipp-Straße, 23714 Malente (GPS: 54.167732, 10.550687 oder 54.171597, 10.549573)
ÖPNV: Regionalbahn ab Kiel oder Lübeck bis Bahnhof Bad Malente-Gremsmühlen

ESSEN & ENTSPANNEN

3 **Wochenmarkt Plön,** Marktplatz, 24306 Plön
5 **Fährhaus Dieksee,** Am Dieksee 6, 24306 Niederkleveez, Tel. (0 45 23) 9 84 89 89, www.faehrhaus-dieksee.com
6 **Fischer Schmidt,** Am Dieksee 4, 24306 Niederkleveez

ENTDECKEN & ERLEBEN

1 **Wildpark Malente, Elisabethweg,** 23714 Malente, www.wildpark-malente.de
2 **Aussichtspunkt mit Blick auf den Dieksee**
4 **Badestelle Fegetasche,** Fegetasche 99, 24306 Plön
7 **Kneippanlage im Wald Holm/Dieksee**

Wasser satt

Rund um den Großen Plöner See

Diese Tour ist Entspannung pur. Sie folgt keiner anspruchsvollen Wegeleitung, sondern dem Wasser. Denn der Große Plöner See ist fast immer in Sichtweite. Wir können all die Schönheiten der Dörfer und des Schlossgebiets erleben, ohne uns über den Weg allzu sehr zu kümmern. Wir radeln entspannt durch Landschafts- und Naturschutzgebiete, die uns einladen, ein bisschen länger zu bleiben.

Wir starten am **Plöner Bahnhof,** wahrscheinlich der schönste Bahnhof der Holsteinischen Schweiz. Die kleine Halle mit dem Jugendstilvordach befindet sich unmittelbar am Wasser. Vor dem Bahnhof biegen wir rechts ab und durchfahren einen Fußgänger- und Fahrradtunnel. Da häufig viel Verkehr an diesem Knotenpunkt herrscht, halten wir uns unbedingt auf dem rechten Fahrstreifen. Wir gelangen auf die **Eutiner Straße** und radeln diese bis zur **Rosenstraße,** die kurz vor der Bundesstraße scharf rechts abgeht. Prächtige Villen am See säumen den Weg. Schließlich mündet die Rosenstraße in einen bewaldeten Naturweg, der uns unmittelbar am Wasser entlangführt. Schon bald gelangen wir zur ❶ **Badestelle Fegetasche** und zu einem Steg, der uns aufs Wasser lockt.

Bahnhof Plön

Kilometer: 42

Höhenmeter: 227

Stunden: 4–5

RUNDTOUR

In Blickweite befindet sich eine Minigolfanlage, vor der ein Pfad zur Bundesstraße

hochführt. Den schieben wir unsere Räder hinauf. Wir biegen rechts ab und folgen der **B 76** rund 600 Meter bis zu einem chinesischen Restaurant. Dort biegen wir rechts in den ruhigen **Missionsweg** ein. Diesem folgen wir am Waldrand entlang vorbei an einer Kaserne und einem Campingplatz bis zum **Altenheim Ruhleben.** Scharf links fahren wir auf einen Waldweg, der uns im Zickzack durch einen kleinen Waldabschnitt führt, und folgen der Ausschilderung des Rad- und Wanderwegs Richtung Bosau. Das Dorf Bosau ist unser Etappenziel. Allerdings verweilen wir zunächst an dem verträumten Seerosenteich links des Weges. Unmittelbar fühlen wir uns wie im Märchen. Ob wohl der Froschkönig auftaucht?

Für die Seele

Wir erkunden die Wege von Prinzen und Kaiserin und kosten regionale Küche.

*Als Warder oder auch Werder bezeichnet man in Norddeutschland kleine Inseln in Flüssen und Seen. Das **Kleine Warder** bei Bosau ist durch einen schmalen Damm allerdings mit dem Festland verbunden und ist zu jeder Jahreszeit ein Paradies für Vögel und Ornithologen.*

Wenn sich der Weg gabelt, wählen wir die rechte Bahn und fahren durch eine herzallerliebste Feld- und Wiesenlandschaft. Links glitzert der Vierer See und schon bald taucht auch der **Große Plöner See** wieder auf. An dieser beliebten Route befindet sich eine kleine Raststelle mit Tisch und Bänken. Sofern sie nicht gerade belegt ist, machen wir eine Pause und erfreuen uns an den Wildgänsen und beobachten die vielen großen und kleinen Vögel auf der **Insel Bischofswarder.** Galloways schauen kauend zu, Schmetterlinge flattern von Blüte zu Blüte.

Wir setzen unsere Fahrt fort und kommen vorbei an einem Obstbaumgarten. Gleich dahinter knickt der schmale Naturweg rechts ab und wir fahren am Waldrand Richtung Bosau, erhaschen Blicke über eine Wiese bis hinunter zum Wasser.

Kurz hinter dem Ortseingangsschild von Bosau halten wir an, parken unsere Räder und machen zu Fuß einen Abstecher ins Landschaftsschutzgebiet **2 Kleines Warder.** Auf einem 1,5 Kilometer langen Rundweg

Kleines Warder

St.-Petri-Kirche Bosau

Die St.-Petri-Kirche ist bereits 850 Jahre alt und wurde im spätromanischen bzw. frühgotischen Stil im Auftrag von Bischof Vicelin erbaut. Der kleinste Bischofsdom der Welt liegt am Radfernweg Mönchsweg. Im Sommer finden hier klassische Konzerte statt.

haben wir einen wundervollen Blick auf die alte Kirche von Bosau und durchwaten vielleicht eine Natur-Kneipp-Anlage. Noch nie gehörte Vogelstimmen lassen uns aufhorchen.

Zurück in der Zivilisation rollen wir über die Plöner Straße in den hübschen Luftkurort **Bosau** ein. Der Ort mit seinen alten Bauernkaten und blütenreichen Vorgärten ist als Ausflugziel sehr beliebt, denn es gibt einiges zu entdecken. Etwa die uralte **3 St.-Petri-Kirche.** Dorthin gelangen wir über die **Plöner Straße,** die halb rechts in den **Gerold Damm** fließt, der auf den Bischof-Vicelin-Damm trifft und der wiederum in den **Helmoldplatz** mündet. Und schon befinden wir uns im alten, charmanten Ortskern und sehen die weiße Rundkirche auf einer Landzunge leuchten.

Wir parken unsere Räder an der dafür vorgesehenen Stelle und umrunden den Friedhof und besichtigen diesen geweihten Ort. Wir haben weite Blicke über die Warder auf den Plöner See.

Wir kehren zu unseren Rädern zurück. Gleich gegenüber steht das traditionsreiche **4 Gasthaus Zum Frohsinn.** Es ist bekannt für seine gutbürgerliche Küche mit kleinen Raffinessen. Bei gutem Wetter öffnet der Biergarten und man sitzt unter jahrhundertalten Bäumen.

Wir verlassen das kleine Zentrum Bosaus und fahren geradeaus an der **5 Dunkerschen Kate** vorbei. Je nach Jahreszeit lohnt sich ein Stopp, denn der von Ehrenamtlichen angelegte Bauerngarten vermittelt anschaulich Kräuter- und Pflanzenwissen. In der Sommersaison finden in dem Reetdachhaus zum Beispiel Handwerkermärkte statt.

An der nächsten Gabelung halten wir uns rechts und radeln auf der Stadtbeker Straße aus Bosau heraus, allerdings nicht ohne zuvor zumindest einen Blick auf die 6 **Bosauer Badestelle** geworfen zu haben. Dazu biegen wir rechts in den Strandweg ein und sehen nach kurzer Fahrt bereits den beliebten Sandstrand. Im benachbarten Beach Pub prosten sich Besucher mit Aperol Spritz zu.

Gasthaus Zum Frohsinn

Nach dem kurzen Schlenker verlassen wir das schöne Dorf Bosau auf dem Fahrradweg parallel zur **Stadtbeker Straße,** die sehr bald steil bergauf geht. Rechts von uns sehen wir den Plöner See, links imposante Villen vor allem aus den 1970er-Jahren. Das Schöne am Bergauffahren ist, dass es bestimmt wieder bergab geht. Und so rollen wir auf die Ortschaft **Stadtbek** zu, wo auch der Fahrradweg endet. Wir fahren auf der ruhigen Landstraße Richtung **Bredenbek,** wo wir rechts auf

Dunkersche Kate

einen Naturweg einbiegen und sich sogleich die weite **Pehmer Niederung** auftut. Dank verschiedener Maßnahmen entwickelt sich hier ein Sumpfgebiet, in dem sich schon jetzt Kraniche und Moorfrösche tummeln. Nach diesem Naturerlebnis radeln wir ein kleines Stück bis zu einer Weggabelung. Links geht es auf schnellstem Wege nach Dersau. Wir entscheiden uns für einen Umweg von rund 3 bis 4 Kilometern und fahren rechts einen schmalen Naturpfad entlang **Richtung Gut Nehmten.**

Bosauer Badestelle

Wir kommen an der Gutsanlage mit Meierei, Hof, Schloss und vielen Pferden vorbei. Da Besichtigungen unerwünscht sind, können wir uns nur aus der Ferne daran erfreuen. Wir fahren über teils holprige Wege durch eine liebliche Wiesen- und Waldlandschaft. Wenn wir die **Alte Försterei** sehen, sind wir auf Kurs.

Wir können die Landschaft betrachten, ohne uns um die Strecke zu sorgen, denn es geht einfach weiter geradeaus, bis wir auf eine mächtige, bald 500 Jahre alte Eiche treffen, die den Ortseingang von **Godau** markiert. Eine Bank umrundet sie und lädt ein, kurz Platz zu nehmen. Wir folgen der Beschilderung **Richtung Sepel/Dersau.** Feldlerchen begleiten uns mit ihrem Gesang. Menschen hingegen sind rar in dieser Gegend.

Die ersten Häuser tauchen auf und wir gelangen automatisch auf die **Dorfstraße** von **Dersau,** ein Eldorado für Campingliebhaber. Wir durchfahren die Ortschaft und biegen kurz vor dem Ortsausgang rechts in die Straße **Seebrook** ein, lassen den Campingplatz rechts liegen und setzen unsere Fahrt auf dem **Eichenhain** fort. Der Name ist Programm, denn bald erreichen wir ein Wäldchen mit vielen Eichen. Achtung, der Weg ist holprig, aber entzückend. Wir lauschen der Stille des

Gut Nehmten

Waldes und können bei der Gabelung im Wald den einen oder anderen Pfad wählen. Sie stoßen bald wieder aufeinander. An der Zufahrt zum **Gut Ascheberg** verlassen wir die Idylle, biegen links ab und dann gleich wieder rechts und gelangen auf die Bundesstraße 430. Dieser folgen wir rechts entlang auf einem Fahrradweg. Nach knapp 500 Metern liegt rechts die **Fischräucherei Lasner** direkt am See. Wir fahren jedoch weiter, durchfahren Ascheberg, wechseln die Straßenseite zwangsläufig, weil sich der Fahrradweg auf der anderen Seite fortsetzt, und versuchen die rund 6 Kilometer Bundesstraße so schnell wie möglich hinter uns zu bringen.

Hinter der **Segelschule und Kanuvermietung Plön** können wir endlich die Bundesstraße verlassen, biegen rechts ab, radeln über den Parkplatz. **Prinzeninsel** heißt

Apfelgarten auf der Prinzeninsel

die Straße, die uns zu ebendieser führt. Bevor wir sie erkunden, schauen wir auf den 7 **Alten Apfelgarten** am Anfang der Halbinsel, ein romantischer Garten, den es lohnt zu durchwandeln.

Auf den Spuren der letzten Kaiserin Auguste Viktoria erkunden wir die knapp 2 Kilometer lange Halbinsel, die für den motorisierten Verkehr gesperrt ist. Wir fahren auf dem Hauptweg, schauen uns die Badestelle 8 **Prinzenbad** an und sonnen uns am Sandstrand. Auf dem Weg zur Inselspitze, wo ein Pavillon steht, verstehen wir, warum die Kaiserin sich hier so wohl fühlte. Auf dem Rückweg überlegen wir, ob wir im 9 **Restaurant Prinzeninsel** essen. Das frisch renovierte Bauernhaus serviert gute Holsteinische Küche, Kaffee und Kuchen und man sitzt sehr lauschig im Bauerngarten. Andererseits wartet zum Abschluss der Tour noch eine wildromantische Schönheit mit Köstlichkeiten aus dem Garten. Wir fahren auf gleichem Weg zurück zu unserem Ausgangspunkt am **Alten Apfelgarten** und von dort weiter geradeaus, verlassen die

Restaurant Prinzeninsel

Halbinsel, durchfahren einen Waldabschnitt, halten uns leicht rechts und gelangen auf den **Strandweg** direkt am Großen Plöner See. Bei einer sehr niedrigen Bahnunterführung steigen wir vom Rad ab, damit wir uns den Kopf nicht stoßen, durchschreiten sie und sehen auch schon den Eingang zur **10 Alten Schlossgärtnerei mit Café Gröönte.** Wir parken unsere Räder und gehen auf Entdeckungstour in diesem Garten Eden mit Sitzgelegenheiten inmitten von Obstbäumen, Rosenranken und alten Gewächshäusern. Hier werden Kuchen und Quiches mit frischen Früchten und Kräutern aus dem Garten zubereitet. Und in der Kräutermanufaktur kann man sich ein Stück von diesem besonderen Ort einpacken lassen. Glück to go! Erfüllt von guten Dingen kehren wir durch die Unterführung zurück auf den **Strandweg** und radeln Richtung Bahnhof. Am Restaurant Seeprinz lassen wir uns über eine Brückenkonstruktion führen, fahren am Bootshafen Plön vorbei und sehen auch schon den **Bahnhof Plön.** Was für ein herrlicher Tag!

*Wir empfehlen die **Umrundung** des Großen Plöner Sees im Uhrzeigersinn. Die Strecke zwischen Plön, Bosau und Dersau ist die schönste. Später geht es auf einem Fahrradweg 6 Kilometer entlang der Bundesstraße bis zum krönenden Abschluss auf der Prinzeninsel.*

Schlossgärtnerei

76
Wittmoldt
Tramm
Trammer See
430
Schöhsee
Dörnick
Kleiner Plöner See
Plön
P
76
Ascheberg
10
1
Olsborg
7
Sandkaten
Ascheberger Warder
Prinzeninsel
8
9
Ruhlebener Warder
Ruhleben
Vierer See
Großer Plöner See
Godau
Sepel
Bischofswarder
Dersau
Dorfstraße
2
Nehmtener Forst
4
3
Kleinneudorf
5
Bosau
6
Eutiner Straße
Sande
Stocksee
Stocksee
Stadtbek
Bredenbek
Lappland
Hornsmühle
Bosauer Straße

ALLES AUF EINEN BLICK

Entspannung

Abenteuer

Vielfalt

WIE & WANN

Einige Landstraßen und viele unbefestigte Feld- und Waldwege, teils Pfade, am Anfang und Ende der Tour ein Stück Bundesstraße. Das ganze Jahr bei trockenem Wetter befahrbar.

HIN & WEG

Auto: verschiedene Parkplätze rund um den Bahnhof Plön, 24306 Plön (GPS: 54.159607,10.421938 oder 54.159270,10.421467)
ÖPNV: Regionalbahn ab Kiel oder Lübeck bis Bahnhof Plön

ESSEN & ENTSPANNEN

4 **Gasthaus Zum Frohsinn,** Bischof-Vicelin-Damm 16–18, 23715 Bosau, Tel. (0 45 27) 2 69, www.zum-frohsinn.de
9 **Restaurant Prinzeninsel,** Große Insel 1, 24306 Plön, Tel. (0 45 22) 50 87 00, www.prinzeninsel.de
10 **Alte Schlossgärtnerei mit Café Gröönte,** Schlossgebiet 9 a, 24306 Plön, Tel. (01 78) 6 73 50 49, www.cafegroonte.de

ENTDECKEN & ERLEBEN

1 **Badestelle Fegetasche,** Fegetasche 99, 24306 Plön
2 **Kleines Warder**
3 **St.-Petri-Kirche,** Helmoldplatz 4, 23715 Bosau, Tel. (0 45 27) 17 18, www.kirche-bosau.de
5 **Dunkersche Kate,** Bischof-Vicelin-Damm 11, 23715 Bosau, Tel. (0 45 27) 18 22
6 **Bosauer Badestelle,** Strandweg 6, 23715 Bosau
7 **Alter Apfelgarten,** 24306 Plön, www.prinzenhaus-apfelgarten.de
8 **Prinzenbad**

Wasserski im Süsel Seeparx

Küstentörn

Von Eutin an die Ostsee

Diese herrliche Strecke führt uns von Eutin über holsteinische Dörfer bis an die türkis leuchtende Ostsee. Zum Abschluss radeln wir durch ein artenreiches Waldgebiet zum Großen Pönitzer See, um von dort auf Schienen zurückzusausen.

Unsere Ostseeauszeit startet am **Bahnhof Eutin.** Über die stufenlose Unterführung gelangen wir auf die westliche Bahnhofsseite und radeln von hier auf die Elisabethstraße zu. An dieser zweigen wir links ab und folgen ihr für nur 200 Meter. An der Hausnummer 34 (Autohaus) führt ein Pfad scharf rechts hinab zum **1 Kleinen Eutiner See,** der uns nun für die nächsten 1,8 Kilometer begleiten wird. Gegen den Uhrzeigersinn rollen wir auf dem angenehm schattigen Rundweg, sind bereits inmitten üppiger Natur und genießen schöne Ausblicke auf den schimmernden See.

Das Gewässer halb umrundet, führt schließlich ein ansteigender Sandpfad rechts hinauf zu einer Wohnsiedlung. Oben angelangt, kreuzen wir diagonal ums Rondell und schwenken rechts in die unbefestigte Straße **Am Kleinen See.** Von dieser geht es rechts auf dem Radweg der **Braaker Landstraße** weiter, dem wir 1,8 Kilometer südwärts folgen. Dabei queren wir die B 76 und folgen der Beschilderung Richtung Braak. Nach dem Passieren eines Bauernhofs linker Hand, gelangen wir an eine kleine, unbeschilderte Kreuzung. Dort queren wir vorsichtig die Braaker Landstraße und zweigen nach links in die wenig befahrene **Karl-Hamann-Straße** ab. Sie mäandert durch die sanft gewellte Land-

Kilometer: 34

Höhenmeter: 330

Stunden: 4

STRECKE

Kleiner Eutiner See

Vor 114 Jahren drehten sich hier, am Zusammenfluss von Schwartau und Neudorfer Graben, die Schaufelräder der **Braaker Mühle.** *Der alte Kornspeicher der ehemaligen Wassermühle ist durch das Eingangsgatter des heutigen Privatgeländes noch zu erspähen.*

schaft. Goldgelbe Getreideäcker, gespickt mit rotem Mohn und Kornblumen, wiegen sich im Sommerwind. Nach 800 Metern schwenken wir – an einer Picknickbank unter Bäumen – rechts in den Weg **Braaker Mühle.**

Dann stoßen wir auf eine beschilderte T-Kreuzung und radeln nach links (Richtung Gothendorf) auf Am Ihlensee weiter, um 200 Meter darauf abermals nach links in den **Möhlenkampsweg** zu steuern. Dieser führt uns nach **Gothendorf.** An seinem Ende schwenken wir nach rechts in die **Lange Dörpstraat,** der wir einen halben Kilometer folgen. Hier ist das auf einem Hügel gelegene Dörfchen **Fassensdorf** bereits ausgeschildert und wir zweigen links in **Zur Schwartau** ab. Über einen Rechtsbogen erreichen wir schließlich die landwirtschaftlich geprägte Ortschaft, durchradeln sie auf Am Broock und genießen rechts hinaus immer wieder traumhafte Aussichten über die sanft geschwungenen Moränenzüge.

Unweit glitzert der **Barkauer See**, Teil eines Naturschutzgebiets, in dem das ganze Jahr über Eisvögel und Goldammer, Kormorane und gar Seeadler auf Futtersuche sind.

Automatisch lassen wir Fassensdorf hinter uns und sausen die abschüssige Passage hinab. Nach etwa 1 Kilometer rollen wir über einen Bahnübergang. Danach fahren wir knapp 1 Kilometer weiter geradeaus, um nun – nach einem Rechts-vor-links-Schild – rechts in eine Sandschotterstraße namens **Ottenbrücke** abzuzweigen. Auf dieser verbleiben wir nur kurz, denn nach nur 200 Metern tauchen wir links ins ❷ **Naturschutzgebiet Middelburger Seen** ein.

Für die Seele

Beim Radeln durch die Middelburger Seen zur Ostsee lüften wir die Seele.

*Die **Middelburger Seen** erstrecken sich über 123 Hektar und sind Teil der Pönitzer Seenplatte. Mit Glück kann man einen Hauhechel-Bläuling oder die Blaugrüne Mosaikjungfer sehen. Neben Schmetterlingen und Libellen dient das Gebiet vielen weiteren Tierarten als Brutstätte.*

Bevor wir dem Naturpfad in das verwunschene Seenmosaik folgen, machen wir Halt an der lesenswerten Infotafel. Der schmale, zu Beginn etwas zugewucherte Weg beschert Ausblicke auf den Achtersee und geht bald in die Straße Seewinkel über, die an der Middelburger Straße endet. Hier fahren wir im Rechts-links-Manöver auf einem Schotterpfad weiter (an einer Feuerwehrzufahrt) und passieren eine Rehaklinik. Wir halten uns stets rechts und gelangen so auf den teils grasbewachsenen Wanderpfad, der im Bogen um die östliche Seite des **Middelburger Sees** führt.

Wenig später öffnet sich vor uns der Rumpelsee mit seiner unverkennbaren Wasserskianlage, dem ❸ **Süsel Seeparx.** Wir zweigen hier nach links ab und wählen den schmalen Wall, der die zwei Wasserskiareale trennt und radeln rechtsherum bis zur Hauptanlage. Ob Pommes oder Schnitzel, Ofenkartoffel, Pizza oder einfach ein kühles Erfrischungsgetränk: Das mit Sonnenschirmen bestückte Terrassenbistro direkt am See ist ein einladender Ort, um die

St.-Laurentius-Kirche

sportlichen Wasserakrobaten für eine Weile zu bewundern.

Von hier aus geht es weiter über den Parkplatz auf die Straße **Süseler Moor.** Wir radeln nach links auf den Radweg. Bei nächster Gelegenheit zweigen wir vor einem Autohaus in den idyllischen Feldweg **Musenredder** ab. An der baldigen Weggabelung halten wir uns rechts, überqueren bald die B 76 und rollen weiter auf ein Schulgelände zu. Dort knickt der Musenredder nach rechts ab und wir radeln weiter, bis wir auf den **Pastor-Doktor-Fuchs-Weg** treffen und das beschauliche Süsel erreichen. Hier lohnt ein Abstecher zur historischen, auf einem Hügel thronenden **St.-Laurentius-Kirche.** Dazu biegen wir rechts ab, fahren sofort wieder links auf den Lehmkamper Weg und erneut links **An der Bäderstraße** hinauf. Kurz darauf erblicken wir die Auffahrt zur Kirche und stellen unsere Räder ab. Bereits im 12. Jahrhundert ist die Backsteinkirche erbaut und in späteren Jahrhunderten immer wieder verändert worden.

In aller Seelenruhe erkunden wir das friedvolle Areal rund um das Kirchenschiff und lassen die Schönheit und Stille auf uns wirken. Die unweite Ostsee schickt eine frische Brise herüber und versetzt die majestätischen Kronen zweier Blutbuchen auf dem Kirchanger in ein Rauschen.

*An der St.-Laurentius-Kirche startet und endet der 4 Kilometer lange sogenannte **„Lebensweg“.** Der meditative Pfad mit zehn Stationen (Lebensfragen) führt an See und Feldern entlang sowie durch den Wald. Eine Broschüre mit Wegbeschreibung findet sich in der Kirche.*

Beflügelt von der Vorfreude aufs Meer schwingen wir uns wieder in die Pedale. Wir folgen **An der Bäderstraße** nach rechts in Richtung Süden. Wogende Äcker und Felder begleiten uns auf dem Weg in Richtung Ostsee, die nur 6 Fahrradkilometer entfernt anbrandet. Nach rund 2 Kilometern gelangen wir in Stawedder an eine Dreierkreuzung. Dort zweigen wir links

(am Ferienhof Felix) in die Straße **Stawedder** ab, die bald in **Siedenkamp** übergeht. Entlang der folgenden 2 Kilometer passieren wir manch hübsche, von Rosen berankte Häuschen und können bald den Sonderlandeplatz Sierksdorf/Hof-Altona ausmachen. Diesem kommen wir noch näher, nachdem wir bei nächster Gelegenheit, vorbei an Pferdeweiden, rechts in den **Altonaer Weg** schwenken. Dieser ist unsere – etwas gewundene – Zielgerade. Wir lassen uns nun in Richtung Küste hinabrollen. Ein herrliches Freiheitsgefühl!

Wo die Altonaer Straße endet, haben wir den goldenen Ostseestrand erreicht. Wir folgen der Küstenstraße **Am Strande** nach rechts. Von herrlichem Wellen-

Strandkorbverleih in Haffkrug

rauschen begleitet, schieben oder radeln wir bis zum reetgedeckten ❹ **Strandrestaurant Oceans's** in **Haffkrug.** Hier wird (voraussichtlich im Frühsommer 2024) eine brandneue, 230 Meter lange neue ❺ **Seebrücke** eingeweiht und ins Meer hineinragen.

Wo Möwen kreischen und Segel flattern, fehlt nur noch eines: ein leckeres Fischbrötchen. Im ❻ **Bistro Strandperle** gegenüber dem reetgedeckten Aussichtspavillon ist die Auswahl reich, köstlich und frisch! Wir decken uns mit Leckereien ein und lassen uns zwischen Strandkörben in den warmen Sand plumpsen. Dann der Sprung in die erfrischende See – so fühlt sich Sommerstrandglück an! Und für dieses nehmen wir uns ausgiebig Zeit.

Matjesbrötchen von der Strandperle

Die Aussicht auf weitere 10 wunderbare Radkilometer lässt uns wieder in die Sättel schwingen. Auf den nächsten 3 Kilometern rollen wir sogar mit direktem Strandblick dahin. Entlang des Radwegs an der Strandallee geht es in den Nachbarort **Scharbeutz.**

An der **Seestraße** schließlich zweigen wir nach rechts ab und fahren an der baldigen Sternkreuzung auf dem Speckenweg weiter geradeaus (schräg links an einem griechischen Lokal vorbei) weiter. Nach etwa 700 Metern vorbei an Feldern und Weiden, erblicken wir zur Linken eine Kleingartensiedlung. Hinter dieser zweigen wir links ab (Beschilderung Richtung Schützenhaus). Nach abermals 600 Metern macht die Straße einen fast rechtwinkligen Linksbogen. An genau dieser Stelle führt rechts ein breiter Sandweg in den artenreichen

Naturwald „Scharbeutzer Heide". Der Radweg nach Pönitz am See ist an dieser Stelle ausgeschildert. Genussvoll durchradeln wir das dschungelartig dichte Waldgrün des Naturschutzgebiets, bis wir automatisch das Freibad am ❼ **Pönitzer See** samt ❽ **Café Klingberg** erreichen. Wir genießen einen Cappuccino und die idyllische Seekulisse; Stand-up-Paddler ziehen mit langen Zügen durch das Gewässer.

Cafe Klingberg

Für den Endspurt unseres Radeltörns rollen wir rund 1,3 Kilometer weiter nordwärts entlang des wunderbaren Naturuferwegs, der schönste Ausblicke auf den blau schillernden See beschert. Über den Pfad gelangen wir automatisch an die Scharbeutzer Straße. Diese queren wir, um dem Radweg nach links zu folgen. Nach rund 300 Metern fahren wir an einer Gabelung leicht rechts für einen halben Kilometer auf dem **Scharbeutzer Weg** weiter. Nun geht es im leichten Rechts-links-Manöver – die L 309 dabei querend – auf dem Pönitzer Weg weiter durch ein ruhiges Wohnviertel. Die zweite Straße (Friedensstraße) nach rechts abgebogen, treffen wir folgend auf die Lindenstraße. Fahren wir links, gelangen wir nach nur 100 Metern zum **Bahnsteig in Pönitz.** In lediglich 9 Minuten trägt uns die Bahn samt Rädern zurück nach Eutin. Dort lassen wir den herrlichen Küstentörn im ❾ **Restaurant Markt 17** geruhsam ausklingen.

Fissau
Sibbersdorfer See
Sibbersdorf
Schwentine
Großer Eutiner See
Kassau
Zarnekau
P
L57
9
1
Kleiner Eutiner See
Eutin
Plunkau
Griebel
Vinzier
Gömnitz
Redingsdorf
Groß Meinsdorf
Röbel
Bockholt
Bujendorf
76
Roge
Gothendorf
Lange Dörpstraat
Fassensdorf
An der Bundesstraße
Oevelgönne
Süse
Barkauer See
Middelburg
2
3
Süseler See
Barkau
Ottendorf
Sierksdo
Woltersmühlen
Ekelsdorf
Gießelrade
4
5
6
1
Pönitz
Haffkrug
Gronenberg
Neustädt Bucht
Holstendorf
432
Pönitz am See
7
L309
Pönitzer See
8
Gleschendorf
Scharbeut
Klingberg
Havekost
Wulfsdorf
Schulendorf
Luschendorf
Timmendorf Strar
Schwochel

ALLES AUF EINEN BLICK

Entspannung

Abenteuer

Vielfalt

WIE & WANN

Überwiegend asphaltierte und wenig befahrene Straßen und Radwege, streckenweise Schotter- bzw. Sandwege, nur kurze Abschnitte mit stärkerem Autoverkehr. Ganzjährig gut befahrbar.

HIN & WEG

Auto: mehrere Parkplätze, etwa Am Segenhörn, Am Stadtgraben, 23701 Eutin (Sa./So. kostenlos) (GPS: 54.137003, 10.614879)
ÖPNV: Regionalbahn ab Kiel oder Lübeck bis Bahnhof Eutin; Rückfahrt nach Eutin ab Bahnhof Pönitz

ESSEN & ENTSPANNEN

4 **Strandrestaurant Ocean´s,** Strandallee 2 b, 23683 Scharbeutz, Tel. (0 45 63) 13 57, www.oceans-restaurant.com
6 **Bistro Strandperle,** Strandallee 5, 23683 Scharbeutz
8 **Café Klingberg,** Seestraße 95, 23684 Scharbeutz, Tel. (0 45 03) 7 87 13 00, www.cafe-klingberg.de
9 **Restaurant Markt 17,** Markt 17, 23701 Eutin, Tel. (0 45 21) 83 08 37, www.markt17-eutin.de

ENTDECKEN & ERLEBEN

1 **Kleiner Eutiner See**
2 **Naturschutzgebiet Middelburger Seen**
3 **Süsel Seeparx,** Süseler Moor 2, 23701 Süsel, www.suesel-seeparx.de
5 **Seebrücke**
7 **Pönitzer See**

Flusswärts

An der Schwentine nach Preetz

Im Geleit der Schwentine führt uns diese herrliche Strecke auf ruhigen Nebenstrecken bis in die Schusterstadt Preetz samt kulinarischem Abschluss. Mit dem Gut Wittmoldt, einem lauschigen Rastplatz am Fuhlensee sowie der Stippvisite auf einem Bilderbuchreiterhof hält die Strecke vielfältige Höhepunkte bereit.

Unsere Radelauszeit beginnt am schönen **Bahnhof Plön** direkt am Großen Plöner See. Wir folgen der Bahnhofstraße nach links, bis die Schwentine-Brücke erreicht ist. Vor dieser rollen wir rechts den Gerberhof hinab, um an der Gabelung rechts in **Am Schwanensee** abzuzweigen.

Um den Straßenverkehr möglichst zu umgehen, radeln wir an der nächsten Gabelung links in den **Büffelpfad,** auf welchem wir die L 430 unterqueren. Nun treffen wir auf die Brückenstraße, folgen ihr nach rechts und biegen sogleich linker Hand in die **Rodomstorstraße** ab. Nach nur 100 Metern geht es links in **Am Schiffsthal** und damit geradewegs auf eine schöne Strandbadestelle am **Trammer See** zu.

*Es gibt die Möglichkeit, ein Rad in der **Plöner Touristinformation** im Bahnhof (unbedingt rechtzeitig) vorzubestellen. Eine weitere Option ist Mo.–Sa. das **Fahrradgeschäft Wöllert in Malente.** Gegen Aufpreis bietet Wöllert einen Bring- und Abholservice im gesamten Gebiet der Holsteinischen Schweiz.*

Über eine Linkskurve radeln wir genussvoll entlang des Uferwegs, queren die kleine Brücke zwischen Trammer See und **Trentsee** und wählen an der Gabelung den linken Sandpfad, den Trentseeweg, der am gleichnamigen kleinen See entlangführt.

Bald darauf stoßen wir auf den Knivsbergring, überqueren diese Straße, um weiter geradeaus der Straße **Appelwarder** bis zur Ausbuchtung des **Kleinen Plöner Sees** zu folgen. Wir überqueren eine Straße und radeln rechts

Kilometer: 25,5

Höhenmeter: 378

Stunden: 3

STRECKE

Wer als Abstecher der Rodomstorstraße weiter folgt, erreicht den ***Parnaßturm,*** *1888 auf einem backsteinernen Sockel erbaut. Von der Plattform des Stahlfachwerkturms genießt man einen herrlichen Panoramablick aus 85 Meter Höhe. Von April bis Oktober ist er von 9 bis 19 Uhr kostenlos geöffnet.*

auf Appelwarder (Radwegweiser Richtung Wielen) weiter. Auf diesem fahren wir im Bogen auf die **B 76** zu, unterqueren diese durch einen Tunnel und zweigen nun rechts auf den parallel verlaufenden Radweg ab. Während wir Plön hinter uns lassen und der Bundesstraße für rund 2 Kilometer folgen, genießen wir herrliche Aussichten über den glitzernden Kleinen Plöner See und die angrenzenden Wiesen und Weiden.

An der gelben Beschilderung Richtung Güsdorf/Wittmoldt schwenken wir schließlich links in den **Hauptweg.** Schlagartig wird es stiller, grüner, verträumter. Diese wenig befahrene Straße verläuft nah am Lauf der mäandrierenden Schwentine und wir werden ihr – mit Abstechern – zunächst bis ins Örtchen Güsdorf folgen.

Holger Assenheimer im Bienenland

Nur einen Katzensprung von der Kreuzung entfernt entscheiden wir uns für einen Zwischenstopp im honigsüßen ❶ **„Bienenland"** von Holger Assenheimer. Sein berufliches Leben hat der gebürtige Wittmoldter den Bienen gewidmet. Seit fast 40 Jahren ist er Vollblutimker. Während Schaukästen vor seinem Geschäft über den spannenden Lebenszyklus der Honigbiene informieren, finden Besucher im Geschäft nicht nur köstlichen Honig aus seiner eigenen Imkerei. Im Laden werden insbesondere auch Profis fündig, die hier die notwendige Ausrüstung für Bienenzucht und Imkerei erhalten. Wir verlassen das Bienenland nicht ohne ein Glas süßer Sommertracht.

Für gut 1 Kilometer radeln wir, teils mit Seeblick, weiter auf dem Hauptweg, bis eine Dreieckskreuzung erreicht ist. Hier folgen wir der Beschilderung nach links zum ❷ **Gut Wittmoldt,** welches wir schon kurz darauf erblicken. Erstmals 1267 erwähnt, ist das auf einer Halbinsel gelegene Gut reich an Geschichte und heute ein wahrer Seelenort. Bildschön liegt es da, das Herrenhaus im Stil der Neorenaissance. Es wurde 1896 an der Stelle des vorherigen Gutsgebäudes neu erbaut und liegt im Privatbesitz. Wer mag, kann hier allerdings ein Urlaubsdomizil mieten.

Für die Seele
Entspannt folgen wir der Schwentine hügelauf- und abwärts.

Für jedermann zugänglich indes ist der verwunschene **Skulpturenpfad.** Hierzu durchschreiten Besucher das historische Torhaus aus dem Jahr 1808, wandeln durch die alte Parkanlage und durch ein kleines Waldstück direkt am verträumten Seeufer entlang. Der Schatten spendende **Seeweg** ist gespickt mit wechselnden Skulpturen verschiedener Künstler. Entlang des Pfades lohnt

Gut Wittmoldt

es, am kleinen „Labyrinth" innezuhalten. Im Zentrum der Wegschnecke haben Besucher bereits zahlreiche, mit Botschaften oder Wünschen versehene Steine abgelegt. Wir tun es ihnen nach und sind berührt von diesem stillen, beseelten Ort am Schwentineufer.

Hofladen Gut Wittmoldt

Aus dem Wäldchen herausgeschoben, lohnt vor der Weiterfahrt der Besuch des liebevoll bestückten **Hofladens.** Hier lässt sich der Rucksack weiter füllen – mit selbst gemachter Marmelade, leckeren Likören und weiteren regionalen Produkten.

Anschließend folgen wir **Am Lütten Diek** zurück in Richtung Hauptweg. Doch statt Letzterem an der bereits bekannten Dreieckskreuzung nach links zu folgen, wagen wir eine alternative Route und biegen nach etwa 150 Metern links vor einem kleinen Steinhaus in einen üppig bewachsenen **Wanderpfad** (als Privatweg ausgeschildert) ein. Auf den nächsten gut 700 Metern genießen wir, teils fahrend, oft schiebend, die friedvolle Magie des Naturpfades vorbei an einer Pferdeweide und durch eine Birkenallee. Zum Ende geht es – nach dem Passieren zweier Weidengatter – auf **Am Lustholz** rechtsherum zurück auf den **Hauptweg,** in den wir nach links abzweigen.

Glücklich-sorglos schweben wir bei leichter Brise weiter durch das sanft hügelige Terrain der Holsteinischen Schweiz, durchradeln dabei das Dörfchen **Wittmoldt** und erreichen nach knapp 2 Kilometern **Güsdorf.** Ab hier trägt die Straße den Namen **Am See** und leitet uns weitere 1,5 Kilometer bis kurz vor die Tore des Dorfes **Wielen.** An der Kreuzung mit einem Hinweisschild nach Wahlstorf zweigen wir allerdings vorher links in die **Lindenallee** ab.

Nun ist das wahrlich traumhaft gelegene **3 Bistro Wahlstorfer Mühle** fast erreicht. Nach etwa 1,3 Kilometern knickt die Lindenallee leicht rechts in den Ort ab. Genau hier führt links ein abschüssiger Pfad hinunter zum erquickenden Idyll am **Fuhlensee.** Für Fahrräder steht oben ein Radparkplatz zur Verfügung.

Das hölzerne Bistro hält zahlreiche überdachte Sitzplätze bereit, von denen der Blick hinab auf grasende Rinder und den von Schilf gerahmten Seezugang fällt. Fröhliche Kanuten und Kajakfahrer paddeln sommers an den kleinen Strand, um sich mit einem Fischbrötchen, Wiener Würstchen oder einem Eis zu stärken, bevor sie paddelnd weiter dem Lauf der Schwentine folgen. Wir setzen uns mit einer Limonade ins Gras, verputzen ein Matjesbrötchen und genießen die Aussicht für eine gefühlte Ewigkeit – an einem Kraftort, der uns belebt, beglückt und entspannt.

Zufällig treffen wir auf Michael Bock, der diese Oase gemeinsam mit seinem Bruder

Michael Bock

Kanuanleger am Fuhlensee

Bistro Wahlstorfer Mühle

erschaffen hat – und hier zu Hause ist. Neben der Landwirtschaft samt Mutterkuhhaltung und jede Menge gackerndem Gefieder betreibt er Binnenfischerei auf dem Fuhlensee und in Teilen des Lanker Sees. Seine Kunden und Kundinnen reißen sich um seine frisch geräucherte Große Edelmaräne, die es – je nach Fangmenge – auch im Bistro gibt.

Schließlich wird es Zeit aufzubrechen. Kaum zurück im Fahrradsattel, passieren wir – linksherum weiter geradelt – sogleich den ❹ **Landgasthof Zur alten Schule** und stehen kurz darauf vor der von Linden gesäumten Auffahrt zum ❺ **Gut Wahlstorf.** Von hier können wir einen Blick auf den großzügig angelegten Hof (Privatgelände) erhaschen, der flankiert ist von reetgedeckten, historischen Scheunen und Ställen. Am Kopf des Hofes thront das stattliche, jahrhundertealte Herrenhaus.

Vor der Auffahrt stehend, radeln wir nach rechts auf dem teils von einer Birkenallee gesäumten Plattenweg weiter nordwärts. Wir beobachten gehörnte Rinder, die eine Abkühlung im See suchen und genießen

*Aufgabe der **Plessen-Stiftung Wahlstorf** ist der Erhalt der historischen Gutsanlage, zu der knapp 900 Hektar Land und eine asiatische Sammlung des Forschungsreisenden Victor Baron von Plessen gehören. Zudem gibt es verschiedene Kulturveranstaltungen, angekündigt auf der Website des Guts Wahlstorf.*

die Naturkulisse für rund 1,5 Kilometer. Dann macht der Weg eine scharfe Rechtskurve und wir strampeln den **Mühlenberg** hinauf. Nach einem weiteren Kilometer knickt nun linker Hand die **Gläserkoppel** ab. Der geschotterte Weg gibt ein überwältigend schönes Panorama auf eine tief abfallende Endmoränenlandschaft frei. Wir erblicken Pferdeweiden, Wald und den in der Ferne funkelnden **Lanker See** – einfach wunderschön!

Leicht bergab gerollt, ist bald der **Campingplatz Lanker See** erreicht, vor dem es – rechts abgebogen – direkt in ein Pferdeparadies geht. Der sympathische **6 Reiterhof Gläserkoppel** mit eigenem Seezugang erlaubt auch Drahteseln die Querung und Erkundung des schönen Gehöfts. Glückliche Ferienkinder striegeln und kraulen ihre flauschigen Ponys und Pferde.

Über einen Trampelpfad (er beginnt links vor dem Spring-/Reitplatz und führt durch einige leicht zu öffnende Gatter) gelangen wir auf den Weg **Tinnhof.** Auf diesem nach links abgebogen, radeln wir nun auf dem Radweg der Straße namens Kreuz weiter. Nach rund 2 Kilometern ist **Schellhorn** erreicht und wir schwenken gegenüber einem großen Bauernhof links in die Straße **Am Wiesengrund.** Wo diese bald im rechten Winkel nach rechts abknickt, radeln wir einfach weiter geradeaus – auf einem von Grün flankierten **Sandpfad** und erspähen schon bald die hübsche **Schwentinebrücke.** Wir queren sie zwar nicht, aber sie gibt einen wunderbaren Ausblick auf den Kirchsee und die Stadtkirche frei. Wir haben die Schusterstadt **Preetz** erreicht!

Dieser nähern wir uns entlang des südlichen Seeufers, vorbei am **7 Bootshaus Preetz** am Kirchsee, und queren nach 1 Kilometer die nächste Brücke, unter welcher die Schwentine weiter nordwärts fließt. Wo

*Preetz trägt den Beinamen **„Schusterstadt"**, da das Schuhmacherhandwerk Mitte des 19. Jahrhunderts in diesem Ort eine Blütezeit erlebte. 1850 gab es in Preetz – mit damals rund 4600 Einwohnern – 160 selbstständige Schuhmachermeister, zudem Hunderte Schuhmachergesellen und -lehrlinge.*

Bootshaus am Kirchsee

könnten wir herrlicher ein Stückchen Birnenkuchen verputzen als gleich gegenüber, in den **8 Preetzer Caféstuben.** Denn der lang gestreckte Cafégarten reicht bis an den Fluss. Wir finden ein schattiges Plätzchen direkt am Bootsanleger und genießen neben Kaffee und Backwerk den erfrischenden Blick auf vorbeipaddelnde Kanuten. Wir scheinen im Paradies gelandet zu sein.

Zum Abschluss lohnt ein Rundgang durch die kunterbunt-kuriosen und nostalgisch anmutenden Innen-

Preetzer Caféstuben

räume der Cafèstuben. Sie sind geschmückt mit antiken Möbeln und Biedermeiersofas, manche Wände dekoriert mit ungezählten, alten Musikinstrumenten.

Vom Café aus schieben wir nach links in die Fußgängerzone **Lange Brückstraße** und zweigen rechts auf den **Markt** ab, um ein weiteres sehenswertes Fleckchen zu erkunden. Dazu queren wir die Ampelkreuzung und radeln auf der Mühlenstraße weiter, bis wir – vorbei am **9 Heimatmuseum Preetz –** auf die Schwentinestraße stoßen. Dieser folgen wir nach links und rollen nach knapp 300 Metern auf den **Klosterhof.**

Auf dem Klostergelände

Durch das historische Torhaus geradelt, erkunden wir das weitläufige, denkmalgeschützte Gelände des historischen Benediktinerinnenklosters. In der Mitte des **10 Adeligen Klosters Preetz** thront die eindrucksvolle Klosterkirche, deren mächtige Gemäuer Geschichten vergangener Jahrhunderte in sich bewahren. In dieser Oase der Stille dürfen Seele und Sinne entspannen und das Auge über wunderschöne Klosterhofgebäude schweifen.

Schließlich wird es Zeit für den Aufbruch. Dazu folgen wir demselben Weg zurück über den hübschen **Marktplatz,** radeln in der Verlängerung auf der Kirchenstraße weiter, um einen kurzen Blick auf die Stadtkirche zu werfen. Nun schwenken wir rechts in die Straße Am Alten Amtsgericht, die geradewegs auf den **Bahnhof** zuführt. Um die Treppen der Unterquerung zu meiden, radeln wir im Schlenker um den Bahnhof herum: erst rechts über die Güterstraße, nun links über den Hufenweg und abermals links auf der Straße Hinter dem Kirchhof. Der Zug bringt uns und die Räder auf einer bilderbuchschönen Bahnstrecke entlang der Seen zurück nach Plön.

*Zwischen Mitte Mai und Oktober kann die **Klosterkirche** auf Führungen besichtigt werden. Genaue Tage, Uhrzeiten und Kosten sind der Website zu entnehmen. Eine vorherige Anmeldung ist nicht nötig. Auch (Orgel-) Konzerte erklingen hier.*

Christiansruher Weg
An der Spolsau
Schwentine
Rethwisch
Godfeld-
teich
Hasselburg
Preetz
76
Schellhorn
Kirchsee
Falkendorf
Scharsee
Lepahn
An der Mühle
Lebrade
Freudenholm
Lanker See
Kreuz
Rixdorfer
Teich
Rixdorf
Trent
Wielener
See
Wielen
Kührener
Teich
Fuhlensee
Theresienhof
Schöne Aussicht
Schwentine
Wahlstorf
Güsdorf
Tramm
Trammer See
Dörnick
Kleiner
Plöner
See
430
Ascheberg
Plön
Großer Plöner
See
Prinzeninsel

ALLES AUF EINEN BLICK

Entspannung 4/4

Abenteuer 4/4

Vielfalt 3/4

WIE & WANN

Überwiegend asphaltierte und ruhige Nebenstrecken, teils Radwege, streckenweise Schotter- und Sandwege, nur kurze Abschnitte an Landstraßen (mit Radweg). Ganzjährig gut befahrbar.

HIN & WEG

Auto: kostenloser Tagesparkplatz am Kleinen Plöner See, Hamburger Straße, 24306 Plön (GPS: 54.152795, 10.404176)
ÖPNV: Regionalbahn ab Kiel oder Lübeck bis Bahnhof Plön; Rückfahrt nach Plön ab Bahnhof Preetz

ESSEN & ENTSPANNEN

③ **Bistro Wahlstorfer Mühle,** Lindenallee 1, 24211 Wahlstorf, Tel. (0 43 42) 8 12 73, www.wahlstorfermuehle.de

④ **Landgasthof Zur alten Schule,** Lindenallee 6, 24211 Wahlstorf, Tel. (0 43 42) 7 87 55 07

⑦ **Bootshaus Preetz,** Kahlbrook 25 a, 24211 Preetz, Tel. (01 60) 91 55 18 86

⑧ **Preetzer Caféstuben,** Lange Brückstraße 22, 24211 Preetz, Tel. (0 43 42) 98 21, www.preetzer-cafestuben.de

ENTDECKEN & ERLEBEN

① **Bienenland,** Hauptweg 2, 24306 Wittmoldt, Tel. (0 45 22) 38 06

② **Gut Wittmoldt,** Hof Wittmoldt 1, 24306 Wittmoldt, Tel. (0 45 22) 12 63, www.gut-wittmoldt.de

⑤ **Gut Wahlstorf,** 24211 Wahlstorf, Tel. (0 43 42) 8 11 01, www.gut-wahlstorf.de

⑥ **Reiterhof Gläserkoppel,** Gläserkoppel 2, 24211 Wahlstorf/Preetz, Tel. (0 43 42) 8 10 30, www.glaeserkoppel.de

⑨ **Heimatmuseum Preetz,** Mühlenstraße 14, 24211 Preetz, Tel. (0 43 42) 18 88, www.museum-preetz.de

⑩ **Adeliges Kloster Preetz,** Klosterhof 5, 24211 Preetz, Tel. (0 43 42) 8 68 29, www.klosterpreetz.de

Großer Segeberger See

Wasser & Wildwest

Seentour ab Bad Segeberg

Unsere Tour durch den südwestlichen Ausläufer der Holsteinischen Schweiz hält Moor- und Seenlandschaften sowie herrliche Passagen auf den Spuren einer alten Kleinbahntrasse bereit. Unterwegs locken Einkehrmöglichkeiten mit süßen und deftigen Gaumenfreuden.

Wir starten am **Bahnhof Bad Segeberg,** queren die B 206 über die Ampelkreuzung, fahren kurz rechts um den Parkplatz, um sogleich nach links in die abschüssige Bahnhofstraße abzuzweigen. Keine 200 Meter weiter biegen wir an der Kreuzung erneut nach links in die hübsche Fußgängerzone Oldesloer Straße ein. Sie führt uns – vorbei an der Tourismuszentrale im historischen Heinrich-Wickel-Haus – auf den **Marktplatz,** um dessen Brunnen sich an Markttagen bunte Stände drapieren.

*Das klassizistische **Heinrich-Wickel-Haus** stammt aus dem Jahr 1820. Hier richtete der Kaufmann Heinrich Wickel 1884 die ersten Badekabinen für heilsame Solebäder ein. 1924 erhielt das Städtchen den Namenszusatz „Bad", seit 1992 ist die Stadt anerkanntes Heilbad.*

Der schöne Platz ist gerahmt von historischen Gebäuden wie dem **Rehder-Haus,** im Jahr 1900 als Central Hotel für Touristen und Kurgäste erbaut. Auf der anderen Seite erblicken wir die dreischiffige Backsteinbasilika romanischen Ursprungs. Wir fahren auf ebenjene **Marienkirche** zu, links um sie herum und folgen dem mittigen, abschüssigen Pfad hinter dem Bau. Er verläuft über ein Friedhofsgelände und wir schieben dieses Stückchen. Am Fuße durch das Tor geschritten, queren wir die Straße (An den Friedhöfen) und radeln geradeaus weiter über einen Parkplatz. Der Sandpfad führt weiter bis an den Wanderweg am **Großen Segeberger See,** dem wir linksherum folgen und unmittelbar ein wahres „Goldstück" passieren. Das weiße Jugendstilhaus

Kilometer: 35,3
Höhenmeter: 320
Stunden: 3,5
RUNDTOUR

Café Goldmarie

mit rostrotem Ziegeldach beherbergt seit 2016 das beliebte 1 **Café Goldmarie am See** mit lauschigen ufernahen Terrassenplätzchen. Ein Geschwisterpaar führt dieses einladende Kleinod mit Herzblut.

Wir radeln weiter entlang der Seepromenade, verwöhnt mit Ruhe, Weitblick und der Schönheit des tiefblau leuchtenden Sees. Die befestigte Promenade samt Kneippbecken geht bald in einen **Waldwanderweg** direkt am Seeufer über, dem wir 2 Kilometer folgen. Begleitet von einer frischen Seebrise, Blätterrauschen und dem Glitzern des Gewässers geht es schließlich über eine **kleine Brücke** mit Backsteingeländer. Sie führt über die **Rönne,** die hier in den Großen Segeberger See mündet. Wir queren sie und biegen sofort scharf links in den Waldpfad ab, der dem mäandrierenden Flüsschen nicht von der Seite weicht. Nach rund 600 Metern radeln wir linker Hand über eine Brücke und danach auf der anderen Seite der Rönne weiter. Das Hinweisschild „Wassermühle" verrät das nächste Etappenziel: die restaurierte ② **Wassermühle** in **Klein Rönnau**. In den historischen Gebäuden befinden sich heute Wohnungen. Dennoch kann die Mühle an bestimmten Tagen besichtigt werden (telefonische Terminabsprachen möglich).

Für die Seele

Ein mystisches Moor, Seenlandschaften und Weitblicke bezaubern uns.

Von hier aus radeln wir weiter auf dem **Mühlenweg,** kreuzen die Eutiner Straße im Rechts-links-Manöver und folgen somit – am blauen Brückengeländer – dem schmalen Pfad entlang der **Rönne.** In einem großen Linksbogen zieht er sich rings um ein Wohngebiet, bis er parallel zur Plöner Straße verläuft. Idealerweise überqueren wir sie an der Ampelkreuzung; es ist aber auch schon früher eine Abkürzung auf den gegenüberliegenden Radweg möglich, dem wir nun nach rechts Richtung Norden folgen. In rund 500 Metern haben wir über die **Plöner Straße** (die in die Segeberger Straße übergeht) bald das Ortsschild von **Groß Rönnau** erreicht.

Bereits kurz nach dem Ortseingang nehmen wir Kurs auf einen herrlich entspannten Tourenabschnitt: Wo einst eine Kleinbahn über eine Trasse ratterte, verläuft nun ein Rad- und Wanderweg. Achtung: Die schmale Zufahrt zur **Kleinbahntrasse** liegt recht unscheinbar zwischen einer Straßenlaterne und einem grünen Abfallbehälter auf der rechten Straßenseite.

Alte Wassermühle

Für die nächsten 4 Kilometer gleiten wir nur so dahin. Der feste, zweispurige Sandweg ist gesäumt von üppigen Knicks und knorrigen Eichen, die einen grünen Blättertunnel bilden. Ohne große Steigungen radeln wir im Takt der Pedale und lassen die

Gasthof Zum alten Bahnhof

Landschaft an uns vorüberziehen. Bald ist linker Hand der ❸ **Gasthof Zum alten Bahnhof** in Blunk erreicht. Nach bereits 10 zurückgelegten Kilometern ein schönes Etappenziel, um ein erfrischendes Getränk oder eine herzhafte holsteinische Spezialität zu genießen. Wer sich den Appetit noch etwas aufsparen möchte: Nach 8 Kilometern treffen wir ein weiteres Mal auf den Gasthof.

Zwischendrin wollen wir das mystische ❹ **Tarbeker Moor** erkunden. Hierzu folgen wir der Bahnhofstraße linksherum, queren die Segeberger Straße und radeln auf der **Dorfstraße** weiter geradeaus. An einer T-Kreuzung in der Dorfmitte fahren wir fast automatisch rechts weiter und lassen Blunk hinter uns. Rund 200 Meter nach seinen letzten Häusern knickt die Straße leicht nach rechts ab und heißt ab hier **Wardel.** Wo Wardel nach weiteren 200 Metern im 90-Grad-Winkel nach links abknickt, wählen wir rechter Hand den befestigten Weg in Richtung Moor. Nach 400 Metern ist linker Hand ein **gelbes Natura-2000-Schild** erreicht. Dort tauchen wir in einen besonders urwüchsigen Wegabschnitt ein, der sich südlich entlang der wiedervernässten Moorfläche zieht. Diese werden wir im Uhrzeigersinn umrunden.

*Das eiszeitlich geschaffene **Tarbeker Moor** wurde nach dem Ende des Torfabbaus renaturiert. Durch die schrittweise Wiedervernässung kehrte die moortypische Flora und Fauna zurück: Hier schwebt heute zum Beispiel die Libellenart Hochmoor-Mosaikjungfer.*

Gleich zu Beginn dieses Weges lohnt der Blick auf die **Infotafel.** Wir steigen ab und baden ausgiebig in der Stille und Schönheit dieses magisch-mystischen Ortes mit typischen Sumpf- und Bruchwäldern.

Weiter geradelt, entfernen wir uns vorübergehend von den Wasserflächen und treffen erneut auf die Straße namens **Wardel.** Bereits nach 200 Metern wählen wir an der Gabelung den rechten Weg zurück ums Moor.

Um es zu umrunden, biegen wir nach weiteren 600 Metern abermals rechts ab und folgen dem schnurgeraden, dammartigen Weg für knapp einen halben Kilometer. An der nächsten Wegekreuzung geht es erneut rechts. Auf dem vor uns liegenden Kilometer genießen wir eine idyllische Waldpassage; die Moorflächen sind hier außer Sicht.

An der folgenden T-Kreuzung (an der Ecke steht ein großes weißes Haus mit Solarpaneelen) zweigen wir ein letztes Mal rechts ab und erhaschen erneut schönste Ausblicke auf die geheimnisvolle, sumpfige Moorlandschaft, bis sich der Sandpfad nach etwa 600 Metern aufgabelt. Dort radeln wir links (am Vorfahrtachten-Schild) und schwenken sogleich leicht rechts. Damit sind wir zurück auf der **Kleinbahntrasse,** die wir nun für 2 Kilometer in umgekehrter Richtung genießen – bis der uns bekannte Gasthof wieder auftaucht.

Wir nehmen – auf ruhigen Nebenstraßen ohne Radwege – nun Kurs auf den Wardersee und zweigen dafür nach links in die **Bahnhofstraße** ab. Auf dieser verbleiben wir bis zur T-Kreuzung, an der wir uns links

Tarbeker Moor

Kirche zu Warder

halten und kurz darauf rechts in die **Segeberger Straße** abzweigen. Für rund 1 Kilometer führt sie entlang hügeliger Äcker und Wiesen und knickt dann scharf nach rechts ab. An dieser Stelle verlassen wir die Segeberger Straße zugunsten der **Dorfstraße,** welche links eines Teichs abzweigt (Beschilderung nach Krems II). Nach wenigen Metern wechseln wir von der Straße auf einen Radweg, der hinter dem Knick entlang der – von uns aus linken – Straßenseite verläuft. Bald sind die ersten Häuser von **Krems II** in Sicht. Wir passieren einen Reitstall und durchradeln das ruhige Dörfchen.

Mit wunderbarem Ausblick auf den Wardersee verbleiben wir auf dem Radweg der Dorfstraße, die nach der Ortschaft **Warderbrück** in die Seestraße übergeht. Auf dieser ist bald **Warder** mit einem erfrischenden Etappenziel erreicht: Links in den Kirchweg eingebogen, erkunden wir das Areal rund um die **5 Kirche zu Warder.** Diese steht Besuchern offen. Direkt hinter ihr versteckt sich eine schöne **Badestelle** mit einladenden Picknickbänken. Der perfekte Ort für eine gemütliche Rast oder eine wohltuende Abkühlung im See.

Für die Weiterfahrt geht es zurück zur Seestraße, der wir weiter folgen und bald darauf die B 432 queren. Nun radeln wir in der Verlängerung auf dem **Warderfelder Weg** in Richtung des Dorfes **Rohlstorf-Quaal** weiter. Dort angelangt, treffen wir auf die Schulstraße, zweigen rechts ab und fahren einen halben Kilometer bis zu einer großen Kastanie.

Hier folgen wir dem Wegweiser Richtung Schieren nach links in die Dorfstraße, um 300 Meter später rechts in den **Immrader Weg** einzuschwenken. Wegweiser lotsen uns zur Einfahrt des **6 Cafés Ehrgarten.** Er könnte ebenso gut „Eden-Garten“ heißen, denn wir fühlen uns wie in einem Paradies. Rund um den mit Seerosen bedeckten Teich hat die Familie Hoffmann eine bezaubernde Caféoase mit zahlreichen Gartensitznischen, Stauden- und Blumenbeeten geschaffen. Es duftet und sprießt allerorten. Auch unter einer mächtigen, 300-jährigen Esche dürfen Gäste Platz nehmen und hausgemachte, himmlisch leckere Torten vernaschen. An kühleren Tagen lädt die gemütliche Cafésstube zum Verweilen ein.

Zugegeben, fällt es etwas schwer, sich von diesem Juwel zu lösen. Doch die Aussicht auf das nächste verheißungsvolle Highlight versetzt uns schließlich in fröhliche Aufbruchstimmung.

Vom Café radeln wir zurück auf die Dorfstraße, zweigen nach links und nach wenigen Metern erneut links in die **Stipsdorfer Straße** ein. 2 Kilometer rollen wir auf dieser in Richtung Bad Segeberg, bevor wir dem Wegweiser Richtung Klein Rönnau nach rechts folgen. Zunächst bergab gesaust, zweigen wir nach 600 Metern links in einen schmalen, namenlosen Weg, der (Achtung!) durch die Büsche etwas versteckt

Café Ehrgarten

In der ganzjährig geöffneten Erlebnisausstellung ***Noctalis*** *wandeln Groß und Klein – bestückt mit Taschenlampe – über vier stockfinstere Etagen, um viel Wissenswertes über Fledermäuse zu erfahren und sie zu beobachten. Die Kalkberghöhle wiederum ist ein Naturhabitat (geöffnet Apr.–Sept.).*

liegt. Dieser schmale, aber geteerte Weg mäandriert für fast 1 Kilometer durch die wunderbar hügelige Landschaft, bis er auf den Rönnauer Weg zuführt, der parallel zum Seewanderweg verläuft.

Nach links geschwenkt, radeln wir rund 300 Meter entlang der **Rönnauer Straße,** bis linker Hand ein unscheinbarer, schnurgerader, schmaler Sandpfad den **7 Moosberg** hinaufführt. Genau dorthin schieben wir die Räder (wer mag, schließt sie unten ab) und erleben von der 82 Meter hohen Aussichtsbank einen wahren Wow-Moment. Denn von hier schweift das Auge über eine fast toskanisch anmutende Hügelkulisse, in deren Mitte weiße Segel über den blauen Segeberger See ziehen. Diesen prächtigen Ausblick genießen wir ausgiebig und verankern ihn in uns. Doch dies wird nicht unser letzter Gipfel gewesen sein.

Den Moosberg wieder hinabgeschoben, fahren wir linker Hand weiter entlang des Rönnauer Wegs, biegen automatisch nach rechts auf die Dorfstraße von **Stipsdorf** ein und folgen stets der Beschilderung zum Seewanderweg. An einer von Bänken umsäumten Eiche rollen wir schräg links den **Seeweg** hinab. An einer nächsten Gabelung halten wir uns erneut links und gelangen so zu einem sehr schmalen, geraden Wanderweg, der bergab – stets rechts haltend – zum See führt.

Für gute 3 Kilometer begleitet uns der Große Segeberger See zu unserer Rechten. Dabei passieren wir den betriebsamen Segelclub, umfahren das Gelände des Freibads – und zweigen bald danach linker Hand in die Straße **Winklersgang** ab. Mit einer T-Kreuzung stößt sie auf die Lübecker Straße, in die wir nach rechts abbiegen, um – vorbei am sehenswer-

Ausblick vom Kalkberg

ten, historisch-windschiefen **8 Museum Segeberger Bürgerhaus** – sogleich wieder links in die **Kleine Seestraße** zu fahren. Nach 80 Metern führt linker Hand ein steiler, serpentinenartiger Fuß-/Radweg zur Straße **Am Kalkberg** hinauf. Folgen wir dieser nach links, stehen wir vor den letzten Höhepunkten der Tour: dem Fledermaus-Naturkundemuseum **9 Noctalis** samt Eingang zur Kalkberghöhle – Lebensraum von über 30.000 Fledertieren – und dem **10 Aussichtspunkt auf dem Segeberger Kalkberg.** Diesen erklimmen wir über zahlreiche Stufen und genießen erneut eine traumhafte Aussicht. Das Auge schweift hinweg über das weitläufige Kalkbergstadion – Austragungsort der legendären Karl-May-Festspiele – über ungezählte Wipfel bis hinaus zum Großen Segeberger See.

Die Stufen wieder hinuntergetrabt, radeln wir denselben Weg hinab zurück bis zur Lübecker Straße, um dort nach links in Richtung des **Markts** zu gelangen. Unsere abwechslungsreiche „Westerntour" lassen wir bei einer leckeren Pizza auf der von Abendsonne verwöhnten Terrasse des **11 Restaurants Einstein** ausklingen.

Wie wäre es, die Radtour mit dem abendlichen Besuch der legendären ***Karl-May-Festspiele*** *am Kalkberg zu verbinden? Im Sommer 2023 fanden die Aufführungen bereits in der 70. Spielzeit statt!*

Muggesfelde
Muggesfelder See
4
Imberg
Nehms
Nehmser See
Blunk
Blunker See
3
Segeberger Straße
Krems II
Wardersee
5
Hamdorf
Warder
Groß Rönnau
Trave
Warderse
432
Quaal
Klein Rönnau
2
Ihlsee
Klüthsee
Rönne
Kagelsberg
6
Dorfstraße
Schackendorf
432
Großer Segeberger See
Eutiner Straße
Quaalerteich
7
Moosberg
Trave
1
P
Stipsdorf
206
8
Segeberger Straße
21
9
10
11
Bad Segeberg

ALLES AUF EINEN BLICK

Entspannung 🚲🚲🚲🚲🚲
Abenteuer 🚲🚲🚲🚲
Vielfalt 🚲🚲🚲

WIE & WANN

Teils Sand- und Moorwege entlang von Seen, Au und Tarbeker Moor, teils asphaltierte Nebenstraßen oder Radwege. Bei trockenem Wetter ganzjährig gut befahrbar.

HIN & WEG

Auto: kostenpflichtige Parkplätze mit günstigen Tageskarten, etwa Parkplatz am See („Backofenwiese"), 23795 Bad Segeberg (GPS: 53.939456, 10.310837)
ÖPNV: Regionalbahn ab Lübeck, Hamburg/Bad Oldesloe, Kiel/Neumünster bis Bahnhof Bad Segeberg (auch Busverbindungen über benannte Städte)

ESSEN & ENTSPANNEN

1 **Café Goldmarie am See,** Große Seestraße 18, 23795 Bad Segeberg, Tel. (0 45 51) 9 08 44 57, www.goldmarieamsee.de
3 **Gasthof Zum alten Bahnhof,** Bahnhofstraße 12, 23813 Blunk, Tel. (0 45 57) 2 09, www.zum-alten-bahnhof-blunk.de
6 **Café Ehrgarten,** Immrader Weg 2, 23821 Rohlstorf-Quaal, Tel. (0 45 59) 5 50, www.cafe-ehrgarten.de
11 **Restaurant Einstein,** Kirchstraße 26, 23795 Bad Segeberg, Tel. (0 45 51) 9 26 68

ENTDECKEN & ERLEBEN

2 **Wassermühle Klein Rönnau,** Mühlenweg 2, 23795 Klein Rönnau, Tel. (0 45 51) 8 38 14 (Termin vereinbaren bei Georg Possekel)
4 **Tarbeker Moor**
5 **Kirche zu Warder** nebst Badestelle am Wardersee, Kirchweg 2, 23821 Rohlstorf-Warder, www.kirche-ps.de/warder/
7 **Aussichtspunkt Moosberg**
8 **Museum Segeberger Bürgerhaus,** Lübecker Straße 15, 23795 Bad Segeberg, www.museum-badsegeberg.de
9 **Noctalis mit Kalkberghöhle,** Oberbergstraße 27, 23795 Bad Segeberg, Tel. (0 45 51) 89 08 80, www.noctalis.de
10 **Aussichtspunkt Segeberger Kalkberg**

Die GPS-Daten zu jeder Tour gibt es auf
www.droste-verlag.de

Konzeption/Satz: Droste Verlag, Düsseldorf
Einbandgestaltung: Britta Rungwerth, Düsseldorf, unter Verwendung von Bildern von © Fotolia.com: Andrey Kuzmin, undrey, dabost, niroworld; © www.stock.adobe.com: malopo
Fotos: Dörte Nohrden und Kerstin Rose, außer: S. 174: Reiterhof Gläserkoppel
Textlektorat: Ute König, Kitzingen
Karten: Angelika Solibieda, Karlsruhe
Druck und Bindung: LUC GmbH, Greven

Alle Angaben in diesem Buch wurden sorgfältig recherchiert und geprüft. Für die Richtigkeit der Angaben, für etwaige Unfälle und Schäden jeglicher Art kann keine Haftung übernommen werden; die Nutzung erfolgt auf eigenes Risiko. Abweichungen, die nach Redaktionsschluss erfolgten, konnten im Buch nicht mehr berücksichtigt werden. Hinweise und Änderungen nehmen wir gern entgegen.

FSC www.fsc.org MIX Papier | Fördert gute Waldnutzung FSC® C011279

ISBN 978-3-7700-2407-0
www.droste-verlag.de